Michaela Glöckler

Begabung und Behinderung

PRAXIS ANTHROPOSOPHIE 46

Praxis Anthroposophie – Dialoge, Initiativen, Entwürfe. Taschenbücher, die die Welt nicht nur als bestehende erfassen, sondern sie auch vorausdenkend weiterentwickeln möchten.

Über das Buch: Wo liegen die Ursachen der scheinbar so ungerechten Verteilung von Begabungen und Behinderungen unter den Menschen? Welchen Anteil daran haben Vererbung, Erziehung, sozialer Umkreis und vor allem der davon betroffene Mensch selbst? Welche Schicksalsgegebenheiten liegen vor? Wie kann die Idee der Wiederverkörperung helfen, Selbstvertrauen, Lebenssicherheit und Menschenverständnis zu fördern? Was kann in Schule und Elternhaus geschehen, damit Kinder nicht nur eine möglichst vielseitige Förderung ihrer Anlagen erhalten, sondern auch lernen, mit ihren Hemmnissen und Behinderungen konstruktiv umzugehen?

Michaela Glöckler, Autorin der «Kindersprechstunde» und erfahrene Kinder- und Schulärztin, zeigt in ihrem Buch, dass nicht die Fähigkeiten und Mängel, die ein Mensch besitzt, seinen Charakter und Erfolg im Leben bestimmen, sondern vielmehr die Art und Weise, wie er gelernt hat, mit seinen Stärken und Schwächen umzugehen. Die Fähigkeit zur Selbsterziehung ist die entscheidende Begabung, durch die der Einzelne sich in den verschiedenen Bereichen des gesellschaftlichen Lebens nicht nur halten, sondern auch ständig weiterentwickeln kann.

Über die Autorin: Michaela Glöckler, geb. 1946. Studium der Medizin in Tübingen und Marburg. Weiterbildung zur Kinderärztin am Gemeinschaftskrankenhaus in Herdecke und an der Universitäts-Kinderklinik in Bochum. Bis 1988 Mitarbeit in der Kinderambulanz am Gemeinschaftskrankenhaus Herdecke, schulärztliche Tätigkeit in der Rudolf-Steiner-Schule in Witten. Seit 1988 Leitung der Medizinischen Sektion am Goetheanum.

MICHAELA GLÖCKLER

Begabung und Behinderung

Praktische Hinweise für Erziehungs- und Schicksalsfragen

VERLAG FREIES GEISTESLEBEN

Im Gedenken an meinen Schulkameraden Klaus-Dieter Krämer († 1966)

ISBN 3-7725-1246-1

1. Auflage 1997 im Verlag Freies Geistesleben

Einband: Walter Schneider, unter Verwendung
einer Kinderzeichnung
Druck: Clausen & Bosse, Leck

Inhalt

Vorwort

Wo liegen die Ursachen der scheinbar so ungerechten Verteilung von Begabungen und Behinderungen unter den Menschen? Wie kommen überhaupt Begabungen und Behinderungen zustande? Welchen Anteil daran haben Vererbung, Erziehung, sozialer Umkreis und vor allem der davon betroffene Mensch selbst? Welche Schicksalsgegebenheiten liegen vor? Wie kann die Idee der Wiederverkörperung helfen, ein neues Schicksalsvertrauen zu wecken und Lebenssicherheit und Menschenverständnis zu fördern – auch angesichts des Leids, das aus schwerster körperlicher oder seelischer Behinderung hervorgeht? Was kann in Schule und Elternhaus geschehen, damit Kinder nicht nur eine möglichst vielseitige Förderung ihrer Anlagen erhalten, sondern auch lernen, mit ihren Hemmnissen und Behinderungen konstruktiv umzugehen?

Diese Schrift verdankt ihr Entstehen einigen Vorträgen zu dieser Thematik und der Bitte des Verlegers, Andreas Neider, diese Vorträge zu ergänzen und einem größeren Kreis von Eltern und Erziehern zugänglich zu machen. Ich bin dieser Bitte gerne gefolgt, da es dabei um Fragen und Probleme geht, die heute nahezu jeden betreffen und für deren Bearbeitung gerade auch Gesichtspunkte aus der Anthroposophie Rudolf Steiners anregend sein können. Denn eines ist gewiss:

Nicht die Fähigkeiten und Mängel, die ein Mensch besitzt, bestimmen seinen Charakter und Erfolg im Leben, sondern vielmehr die Art und Weise, wie er gelernt hat, mit seinen Stärken und Schwächen umzugehen. Die Fähigkeit zur Selbsterziehung, das Vermögen, sein eigenes Verhalten immer mehr selbst zu steuern und zu lenken – das ist die entscheidende Begabung, durch die der Einzelne sich in den verschiedenen Bereichen des gesellschaftlichen Lebens nicht nur halten, sondern auch ständig weiterentwickeln kann.

Das Fehlen dieser Fähigkeit kann hingegen zunehmend als die schwerwiegendste Behinderung im persönlichen und beruflichen Leben erlebt werden. Und so ist zu hoffen, dass auf der Grundlage solcher Einsichten auch der Dialog zwischen Elternhaus und Schule neue Anregungen erfahren wird.

Mein Dank gilt den Lehrern und Eltern, die mich durch ihre Fragen zu diesen Ausführungen angeregt haben. Ich habe den Charakter der mündlichen Darstellungsweise weitgehend beibehalten, um den Zusammenhang mit der konkreten Frage- und Gesprächssituation deutlich zu kennzeichnen.

Dornach, Ostern 1997 *Michaela Glöckler*

1. Woher kommen Begabungen und Behinderungen? Oder: Warum Geschwister so verschieden sind

Wohl noch nie stand man den weit gefächerten Begabungen und Behinderungen von Menschen mit so vielen drängenden Fragen gegenüber wie heute. Im religiösen Kontext gilt nach wie vor, dass Begabungen und Behinderungen unmittelbare Ausdrucksformen der Beziehung zwischen Gott und seinem Geschöpf Mensch sind. Seit dem Ende des 19. und zu Beginn des 20. Jahrhunderts wurden die Menschen von der darwinistischen Vererbungstheorie beeindruckt, derzufolge Familienähnlichkeit, Charakter, Temperament, Begabungen und Behinderungen dem genetischen Material der Vorfahren entstammen. Am Ende des 20. Jahrhunderts sehen wir uns durch die Forschungsergebnisse der modernen Genetik und der Verhaltensbiologie und -psychologie wieder neuen Anschauungen gegenüber.

Ich möchte in diesem Zusammenhang die verdienstvolle Übersichtsarbeit der Entwicklungspsychologin Judy Dunn und des Verhaltensgenetikers Robert Plomin erwähnen, mit dem Titel *Warum Geschwister so verschieden sind.* Die Autoren analysierten die wesentlichen Forschungsergebnisse aus Entwicklungspsychologie und Verhaltensgenetik der letzten Jahrzehnte sowie eine große Zahl diesbezüglicher Studien und Umfragen, um der Antwort näherzukommen. Sie machten dabei die erstaunliche Entdeckung, dass die Ähnlichkeit zum

Beispiel bei Größe, Gewicht und Krankheitsdispositionen nur selten den Wert von 50 % übersteigt; zumeist liegt sie deutlich darunter. So liegen die Geschwisterähnlichkeiten für Augenabstand, Höhe und Breite der Nase und Höhe der Ohren bei 30 %. Etwa 80 % aller Geschwister haben merklich unterschiedliche Augenfarben; 90 % haben unterschiedliche Haarfarbe und -struktur. Die Disposition für Krankheiten wie Magengeschwür, Bluthochdruck, Brustkrebs, Diabetes, Ekzeme in der Kindheit, Asthma und Heuschnupfen liegen alle unter 20 %. Diese Ergebnisse lassen sich mit Hilfe der modernen Vererbungstheorie gut erklären. Denn erwiesenermaßen gibt es erstaunlich wenig Merkmale, die auf ein einziges Gen zurückzuführen sind. In den meisten Fällen ist für ein Merkmal das Zusammenwirken verschiedener Gene notwendig. Es können sogar Hunderte von Genen sein, deren jedes seinen eigenen kleinen Beitrag zur Variabilität zwischen den Individuen leistet. Die genetischen Effekte, die so durch Summierung verschiedener Genwirksamkeiten zustande kommen, werden additive Effekte genannt. Es gibt jedoch auch nicht-additive Wirkungen, die dadurch zustande kommen, dass der Einfluss, den die Gene haben, sich durch die Art ihrer Lage im Ganzen, oder durch ihre bloße Anwesenheit, ändern kann, sodass neue, nie dagewesene Merkmale zur Ausprägung kommen. Dunn und Plomin greifen in diesem Zusammenhang den Begriff der *Epistasis* auf, der bereits 1907 von dem Genetiker William Barteson eingeführt wurde, um die Wirkung von Genkombinationen höherer Ordnung auf die Fellfarbe von Tieren zu bezeichnen. Das Wort stammt aus dem Griechischen und bedeutet: das Darüberstehende, Übergeordnete, Aufsicht, Leitung, Aufmerksamkeit. In der Vererbungstheorie wird es gebraucht, um die besagten nicht-additiven genetischen Effekte zu benennen, die in dem hochkomplizierten dynamischen Netzwerk der Gene zu spontanen, nicht voraussehbaren, also zu überraschend auftretenden neuen Eigenschaften führen. Auf diese übergeordneten genetischen Wirkungen führen nun Dunn und Plomin zurück, dass selbst Verwandte ersten Grades einander *weniger* als halb so ähnlich sind wie eineiige Zwillinge.

Nach diesen Theorien beruht also die *Ähnlichkeit* der Nachkommen auf der additiven Summierung vieler genetischer Einzeleffekte. Die *Verschiedenheit* unter den Nachkommen wäre jedoch Folge der Epistasis, wodurch nicht-additive, das heißt nicht vorhersagbare, ganz neue Eigenschaften entstehen können. So mischen sich – nach Dunn und Plomin – «auf zufällige Weise» additive und epistatische Effekte und bringen «Glück» und «Pech» im Spektrum der Begabungen und Behinderungen der Einzelpersönlichkeit zustande. Uns stellt sich dabei die Frage: Sind Zufall, Glück und Pech adäquate Begriffe, um das Prinzip zu beschreiben, nach dem die Auswahl der Genkombinationen mit ihren unzählbaren additiven und epistatischen Effekten bei der Verschmelzung von Ei und Samenzelle zustande kommt? Auf einem internationalen Gentechnik-Symposium am Goetheanum formulierte ein Wissenschaftler die entscheidende Frage so: «Who plays the piano?» – Wer spielt das Klavier der Gene? Wer kennt die Partitur, die bei diesem einen Menschen erklingen soll? Auch wir müssen jetzt im Kontext unseres Themas fragen: Wer ist verantwortlich für das Zustandekommen unserer Begabungen und Behinderungen? Wer ist der Künstler, der unsere eigene genetische Klaviatur zu einer einfachen Melodie oder zu einer Symphonie benützt? Wer veranlagt Dissonanzen und Konsonanzen, Harmonie und Zerrissenheit in unserem Lebensgefühl?

Ähnlich kompliziert wie die Vorgänge der Vererbung stellen sich die Einflüsse der im Einzelnen oft schwer zu definierenden Umweltfaktoren dar. Auch diese können sich gegenseitig verstärken oder abschwächen beziehungsweise ausgleichen. Da nun inzwischen längst erkannt und erforscht ist, dass Umwelteinflüsse ihrerseits wiederum das genetische Material von Pflanze, Tier und Mensch verändern können, ergibt sich auch hier ein weites, im Einzelnen nicht vorhersagbares und überschaubares Feld von Additionen, Interaktionen und möglichen Steigerungen, Abschwächungen und Ausgleichungen der Umweltfaktoren in ihrer Wechselwirkung mit dem Erbgut.

Doch damit nicht genug. Die entscheidende These des Buches von Dunn und Plomin war bisher: Geschwister sind sich da ähnlich, wo überschaubare additive genetische und entsprechende Umwelteinflüsse vorliegen; wo diese nicht vorliegen, da neue, nicht vorhersagbare, epistatische Phänomene aufgetreten sind, ist Verschiedenheit die Folge. Nun stellen jedoch die Autoren den Vererbungs- und Milieutheorien noch einen dritten Begriff an die Seite: den Begriff der *individuellen Beziehung*. Die Analyse und systematische Untersuchung vieler Studien, auch die Erforschung und der Vergleich vieler Schriftsteller-Biographien und Kindheitsschilderungen, führten zu der überraschenden Einsicht: Das Kind wird nicht nur durch Vererbung und Umwelt in seinem Verhalten geprägt, sondern es setzt sich aufgrund und mit Hilfe seiner bestimmten Erbkonstitution aktiv und *vor allem selektiv* mit seinen Umwelteinflüssen auseinander. *Über die Stärke oder auch Belanglosigkeit von Umwelteinflüssen für die Entwicklung der Einzelindividualität – insbesondere im sozialen Umfeld – entscheidet immer, ob und wie individuelle Beziehungen entstehen.*

Geschwister wären sich im Verhalten sehr viel ähnlicher, wenn Vererbung und Umwelt allein die prägenden Faktoren wären. Die Wirklichkeit zeigt aber, dass Geschwister auch deshalb so verschieden sind, weil sie untereinander und zu den Eltern höchst individuelle Beziehungen eingehen und dadurch auch individuell geprägt werden. Diese Beziehungen zu denselben Eltern können sich so radikal voneinander unterscheiden, dass ein Außenstehender, der davon hört, nur zu der Auffassung kommen kann, es handle sich um verschiedene Menschen, von denen die Rede ist. Dieselbe Mutter kann von einem Kind als warmherzig und schützend erlebt werden und vom anderen als ungeduldig und angsteinflößend.[1] Was jeder Kinderarzt und Grundschullehrer mit mehrjähriger Berufserfahrung so gut kennt wie eine Mutter mit mehreren Kindern – wie außerordentlich verschieden, selbst bei äußerlich-körperlicher Ähnlichkeit, die Kinder sich von Anfang an in ihrer Entwicklungsdynamik zeigen –, das schlägt sich auch in der Vielzahl literarischer Beispiele nieder, die Dunn und Plomin für ihre Untersuchung ausgewertet haben. Man denke nur an Mark Twains Autobiographie, in der er sich und seinen zwei Jahre jüngeren Bruder Henri charakterisiert: *«Meine Mutter hatte ziemlich viel Ärger mit mir. Aber ich glaube, sie genoss es. Sie hatte nie Ärger mit meinem zwei Jahre jüngeren Bruder Henri, und ich nehme an, dass ihr seine stets gleichbleibende Bravheit, Ehrlichkeit und Folgsamkeit zur Last geworden wäre, hätte ich ihr nicht mit dem Gegenteil Erleichterung und Abwechslung verschafft ... Ich habe nie erlebt, dass Henri sich mir oder anderen gegenüber boshaft verhielt. Aber dass er stets das Richtige tat, ist mir schlecht bekommen. Es war seine Aufgabe, meine Sünden zu berichten, wenn es nötig war, und er nahm seine Aufgabe sehr ernst.»*[2] Unabhängig davon, ob Eltern meinen, sie behandelten die Kinder im Wesentlichen gleich, oder welche Auffassungen sie von unterschiedlichen Bevorzugungen oder Zurückweisungen haben, berichten die Kinder genauestens, wie sie das elterliche Verhalten erleben oder erlebt haben, und diese Wahrnehmung unterscheidet sich oft sehr von der der Geschwister oder der betroffenen Eltern – sie ist ganz individuell.

Fazit dieses lesenswerten Buches ist: Geschwister sind trotz ähnlicher genetischer Voraussetzungen und ähnlicher Umwelteinflüsse dennoch sehr verschieden, weil sie letztlich durch das ihnen eigene Interesse, ihre Wahrnehmungsfähigkeit, ihr spezifisches Gerechtigkeitsempfinden und ihre Möglichkeit, Verhaltensweisen zu gewichten und auf sich zu beziehen oder abzuwehren, *selbst für die Verschiedenheit sorgen, indem sie es sind, die bestimmen, in welchem Ausmaß Menschen und Umwelt sie prägen oder nicht.* Auch wenn Dunn und Plomin den Begriff der Individualität beziehungsweise der Persönlichkeit des Kindes weder im Einzelnen diskutieren noch als eine seelisch-geistige Realität beschreiben, so wird er doch als der entscheidende, die selektive Wirkung der Umwelteinflüsse bestimmende Faktor eingeführt. Sollte es da nicht auch erlaubt sein zu fragen, ob es nicht die Persönlichkeit des Kindes selbst ist, die für die Auswahl (Selektion) und Verwandlung (Mutation) des Erbgutes verantwortlich ist?

Um diese Frage bearbeiten zu können, ist ein Menschenverständnis nötig, das den Zusammenhang von Geist, Seele und Körper so beschreibt, dass Seele und Geist nicht nur Folgeerscheinungen molekularer Vorgänge im Gehirn sind, sondern eine autonome Existenz haben und leibfrei erlebt werden können.[3] In der Anthroposophie Rudolf Steiners liegt eine geisteswissenschaftliche Beschreibung dieser Art vor, die die naturwissenschaftliche Anschauung vom Menschen konstruktiv ergänzt; sie wird den folgenden Ausführungen zugrunde gelegt. Aus dieser geisteswissenschaftlichen Betrachtung geht hervor, wie es das Menschenwesen selber ist, das sich schon vor der Konzeption – noch in der geistigen Welt beheimatet – für ein bestimmtes Elternpaar interessiert und dann auch entscheidend mitwirkt bei der «Auswahl» des passenden Erbgutes.[4] Damit stammt das Kind nicht nur von Gott und seinen Eltern ab, sondern auch – so merkwürdig das klingt – von sich selbst. *Es* ist der Künstler, der auf der Klaviatur der Gene spielt. *Es* lebt sich in seine Umwelt so ein, wie es dem Gang seines Schicksals und dem, was es sich für dieses Erdenleben zu lernen vorgenommen hat, gemäß ist.

Bevor wir die Frage nach Begabung und Behinderung weiter verfolgen, wollen wir uns zunächst der Frage nach der menschlichen Individualität, dem «Ich» des Menschen, zuwenden.

2. Das Ich und sein Schicksal

Zu den Eigentümlichkeiten des kleinen Wortes «Ich» gehört es, dass jeder Mensch, der zum Selbstbewusstsein erwacht ist, dieses Wort auf sich selber anwendet, indem er sich selbst damit bezeichnet. So wird es einerseits zum Allerpersönlichsten, mit dem der Mensch innerlich Umgang hat; andererseits verbindet es ihn mit allen anderen Menschen, das heißt mit der ganzen Menschheit, da es ja jeder einzelne Mensch auf sich anwendet. Hinzu kommt, dass dieses Wort anders gelernt wird als alle anderen Worte, die in den ersten Lebensjahren aufgenommen werden. Obwohl das kleine Kind ständig hört, wie die Menschen zu sich «ich» sagen, nennt es sich – der Nachahmung folgend – dennoch zunächst so, wie es sich von der Umgebung mit Namen genannt hört und spricht von sich in der dritten Person: «Peter haben» oder «Sabine auch gehen». Es ist dann ein besonderer Moment – meistens im zweiten, dritten Lebensjahr –, wo plötzlich das Wort Ich benützt wird, oft verbunden mit irgendeinem besonderen Ereignis, einer besonderen Freude oder einem besonderen Schreck. Das Kind weiß plötzlich: *Das bin ICH.* Erstmals erlebt es selbstbewusste Identität. Von diesem Augenblick an zieht sich dann das «Ich»-Erleben wie ein roter Faden als Selbstbewusstsein durch die Fülle der Lebenseindrücke und Erinnerungen.

Es gehört aber auch zu den Besonderheiten dieses Wortes, dass sein Inhalt schwer zu fassen ist; denn es ist mit ihm eine der schwierigsten Fragen verbunden: Wer bin ich wirklich? Die Freude, mit der ein dreijähriges Kind zu sich «ich» sagt, und das stolze Aufstampfen, wenn es laut verkündet: Ich will aber nicht! – verlieren im Laufe der Kindheit ihren Glanz und machen einer zunehmenden Unsicherheit Platz, die in der Pubertät kulminiert und gerade in diesen Jahren den Jugendlichen so verwundbar macht. Er weiß nicht, wer er ist, er will nicht so sein, wie er ist, und schon gar nicht so, wie die Umgebung ihn haben möchte. Er will er selber werden, anders sein, eigen – aber wie? Und dann beginnt die lebenslange Suche nach dem – wahren – Ich. Es beginnt aber auch immer stärker das Erleben dessen, was man nicht ist oder zumindest nicht sein möchte. Der Mensch entdeckt den Schattenwurf seines Lebens in all den Taten, Worten, Gedanken, die so waren, dass er sich ihrer schämt beziehungsweise sich gerne davon distanzieren würde. «Warum bloß habe ich diese verletzende Bemerkung gemacht?» – «Es lag doch eigentlich gar kein Grund dafür vor. Und jetzt zieht das solche Kreise und beschäftigt mich das ganze Wochenende – so ein Blödsinn!» «Da war ich nicht ganz bei mir» – so spricht man vielleicht hinterher mit sich selbst über das Ereignis; aber es ist geschehen und bleibt mit dem eigenen Ich, mit der eigenen Persönlichkeit verbunden, denn niemand als man selber war es, der diese Verletzung ausgesprochen hat. So besitzt das Ich die Fähigkeit, sich selbst gegenüberzutreten und über sich selbst zu wachen und zu urteilen. Es kann wahrnehmen, richten, bestimmen, was es als zu sich gehörig empfinden will und wovon es sich distanzieren möchte.

Wer denkt, wenn ich über mich nachdenke? Spätestens mit dieser Frage dämmert ein sehr konkreter Schicksalsbegriff auf: Man ahnt, dass jede noch so kleine Handlung, ja jedes Gefühl, jeder Gedanke etwas bewirken kann, das nicht mehr rückgängig zu machen ist, weil es eben geschah. Der Gedanke wurde gedacht, das Gefühl bekam Raum in der Seele, die Handlung ist getan. Wer – wenn ich mich distanziere – übernimmt dafür die Verantwortung? Kommt das auf den Müllplatz der Weltgeschichte? Wer entscheidet, was damit geschieht? Oder ist das etwas, womit derjenige, der es getan hat, verbunden bleibt? So erschreckend dieser Gedanke vielleicht auch sein mag – so großartig ist er doch auch. Denn er besagt, dass ich nicht nur mit dem verbunden bin, womit ich mich identifizieren kann, wozu ich mich voll bekenne als von mir gewollt und getan, sondern auch mit dem, wo ich mich unfrei, schwach, nicht ich selbst, unter dem Zwang von Emotionen oder Irrtümern stehend erlebe. Alle Ereignisse und Taten wirken als die meinen fort; sie sind von mir ausgegangen und haben ihre Konsequenzen für mich und die anderen im weiteren Verlauf des Lebens. Ja, das Fortwirken der selbstgewollten, bejahten und der ungewollten, nicht bejahten Taten überdauert auch meinen Tod. Wie leben die Folgen meiner Taten in den anderen mir befreundeten oder befeindeten Menschen weiter? Hat meine berufliche Arbeit Spuren im sozialen Leben hinterlassen, die eventuell Generationen überdauern? Gibt es eine Möglichkeit, Verantwortung zu übernehmen auch da, wo ich, vielleicht ohne es zu ahnen, schuldig geworden bin? Darf ich wirklich alles erkennen, was mit meinem Selbst und seiner Wirkung in der Welt verbunden ist? Ist nicht gerade die Schattenseite meines Lebens der Teil, der zu besonders tiefgründigen Lernprozessen Anlass gibt und damit neue Fähigkeiten beziehungsweise Begabungen hervorruft?

Eine solche Betrachtung kann bewusst machen, dass es zwei Ich-Erfahrungen gibt. Die erste entsteht im Licht- und Schattendasein des täglichen Lebens, die andere dadurch, dass ich mich diesem Licht- und Schattendasein gegenüberstellen und als relativ unabhängig davon erleben kann. Rudolf Steiner spricht sogar öfter davon – zum Beispiel in seinem Buch *Wie erlangt man Erkenntnisse der höheren Welten?* –, dass man lernen kann, sich selbst als einem Fremden gegenüberzutreten und sich so objektiv, so ruhig und von außen wahrzunehmen und zu erkennen, wie man einen anderen Menschen wahrnimmt und erkennt.

Wer über das menschliche Ich und sein Schicksal in dieser Weise nachzudenken beginnt, kommt früher oder später an einen kritischen Punkt: Er erlebt das Vorläufige der eigenen Existenz und des Gebrauches des Wortes Ich. Er erfährt seine Identität als noch nicht abgeschlossen, sondern nach der Zukunft hin wie offen. Er empfindet, dass er erst anfängt zu verstehen, wer er wirklich ist, und bemerkt unaufhörlich die Tatsache des in Entwicklung-Seins. Er schaut zurück in eine Vergangenheit, aus der er kommt, und voraus in eine Zukunft, in die er geht. Er erlebt, wie die Gegenwart bestimmt wird durch die Ziele, die er sich für seine Entwicklung steckt, durch die Ideale, die er zu verwirklichen bestrebt ist. Ja, es können ihm Gedanken kommen, wie sie Solschenizyn[5] in seinem Buch *Im ersten Kreis der Hölle* den Maler aussprechen lässt, der seinem erstaunten Besucher ein Bild zeigt, auf dem dieser die fliederfarbene Burg des heiligen Grals sieht, im Goldglanze der untergehenden Sonne. Dabei sagt der Maler zu ihm, dass in jedem Menschen unbewusst ein Bild seines Entwicklungszieles, seiner Vollkommenheit ruht und in bedeutenden Augenblicken des Lebens plötzlich vor das innere Auge treten kann. So sei es Parzival ergangen, als er ganz unerwartet zum ersten Mal die fliederfarbene Burg des heiligen Grals erblickte und in diesem Augenblick wusste, dass sie es war, die er immer gesucht hatte. So wie das Bild dessen, was wir infolge unserer Entwicklung einmal werden können, für uns schon jetzt als Idealbild im eigenen Innern erkannt werden kann mit aller Hoffnung, aller Zuversicht und Gewissheit, so bleiben wir auch mit Licht und Schatten unserer Vergangenheit verbunden, bis wir all das, was wir nicht so tun konnten, wie wir es eigentlich gerne getan hätten, erkannt, gelernt und geordnet haben. Ein solches Erleben sich selbst gegenüber bringt aber auch die Gewissheit mit sich, dass wir als Menschen nicht nur einmal leben,[6] sondern so oft wiederkehren, bis das Ziel erreicht ist – ja nicht nur das: so oft wiederkehren, bis die Menschheit als Ganze ihr Entwicklungsziel erreicht hat, ein Ziel, zu dem letztlich jeder jedem helfen kann. Darauf kann dieses kleine Wörtchen Ich hinweisen. Denn wenn jeder zu sich Ich sagt – dann lebt in dieser Ich-Natur des Menschen auch etwas von dem, zu dem eben jeder Mensch Ich sagt. Dann muss es aber auch ein reales «Menschheits-Ich» geben – eine allen Menschen gemeinsame Ichhaftigkeit. Es gehört zu den Besonderheiten der deutschen Sprache, dass die Initialen von Jesus Christus J.CH. bedeuten. ER sagt von sich, dass er in jedem Menschen anwesend sein möchte, wenn dieser es will und ihn in sich aufnimmt beziehungsweise sich seine Anwesenheit in sich zum Bewusstsein bringt. ER ist das Wesen, das sich mit der Menschheit als

Ganzer so identifiziert, wie es der einzelne Mensch mit sich selber und seinem Schicksal tun kann.

Wir leben heute in einer Zeit, in der sich Naturwissenschaft und Geisterkenntnis noch weitgehend verständnislos gegenüberstehen, im Sinne einer Weiterführung der in der Neuzeit aufgekommenen Spaltung von Glauben und Wissen. Inzwischen ist die kulturelle Entwicklung jedoch in einer Weise fortgeschritten, dass es zunehmend zu einer Frage der Volksgesundheit wird, ob diese Spaltung überwunden werden kann oder nicht. Denn wie will man sich als Mensch ein gesundes Selbstbewusstsein bewahren, wenn an die Stelle der Erfahrung des tätigen Menschen-Ich als eines realen geistigen Wesens die abstrakte Person tritt, deren Existenz mit dem Tode endet, da ihr Persönlichkeitsbewusstsein nur das Ergebnis molekularer neurophysiologischer Vorgänge ist? Und wie kann die Menschenwürde erhalten bleiben, wenn an die Stelle folgenreichster Schicksalserfahrungen die Worte Zufall, Glück oder Pech treten?

Angesichts dieser Spaltung von «sicherem Wissen» und «beliebigem, ungewissem Glauben» erhebt sich die Frage, warum es so schwer ist, die Brücke zwischen Materie und Geist in uns selbst und in unserer Umwelt zu finden. Das sogenannte sichere Wissen stützt sich ausschließlich auf die Sinneserfahrung und das diese verarbeitende Denken; der Glaube hingegen ist auf die Welt des Seelisch-Geistigen gerichtet, das den Sinnen verborgen und materiell nicht vorzeigbar ist. Zwischen beiden scheint heute ein tiefer Abgrund zu liegen, und die Unfähigkeit, ihn zu überbrücken, erweist sich als größtes Hindernis für die menschliche Entwicklung. Schon jetzt führt das Erleben der Geistlosigkeit und damit auch der Sinnlosigkeit der eigenen Existenz ungezählte Menschen in Krankheit, Drogenabhängigkeit oder Selbstmord hinein. Hingegen bringt einen bereits das Nachdenken über die Frage, warum es so schwer ist, die Brücke zwischen dem materiellen und geistigen Dasein zu finden, dem Sinn der menschlichen Existenz und damit der eigenen Identität ein entscheidendes Stück näher.

Es sei dies durch ein Gedankenexperiment veranschaulicht: Man stelle sich vor, die schwerwiegendsten, letzten Existenzfragen, wie die nach Gott, den Wesen der höheren Hierarchien und überhaupt nach der Realität des Geistigen und der wahren Natur der Materie, könnten von einem Menschen so schlüssig dargelegt werden, dass jeder Widerspruch in sich zusammenfallen müsste. Das Schlüsselexperiment wäre gefunden – der Geist als von der Materie unabhängige und dennoch die Materie beherrschende Realität wäre unumstößlich bewiesen. Was würde die Folge sein? Was würde das für uns alle bedeuten? Das würde nicht mehr und nicht weniger bedeuten, als dass jeder Zweifel an der Existenz des Geistes schwinden müsste. Damit wäre dem Menschen aber auch die Möglichkeit genommen, den eigenen Weg zu sich selbst und zum Wesen der Welt *in Freiheit* zu gehen. Mit äußeren Mitteln wäre zwingend bewiesen, was eigentlich doch jeder für sich selbst – freiwillig – finden und entscheiden möchte. Es gehört zu den größten Wundern des menschlichen Erkenntnislebens, dass gerade diese entscheidende Frage nach der Selbsterkenntnis und dem wahren Wesen des Menschen nur durch die Arbeit jedes einzelnen Menschen selbst in letzter Konsequenz beantwortet werden kann. Keiner kann dies dem anderen abnehmen. Wir können uns zwar bei der Wegsuche helfen. Die letzte Gewissheit muss jedoch jeder für sich selbst erfahren. Christian Morgenstern[7] hat dies in einem seiner Gedichte treffend charakterisiert:

Die zur Wahrheit wandern,
wandern allein,
keiner kann dem andern
Wegbruder sein.

Eine Spanne gehn wir,
scheint es, im Chor …
bis zuletzt sich, sehn wir,
jeder verlor.

Selbst der Liebste ringet
irgendwo fern;
doch wer's ganz vollbringet,
siegt sich zum Stern,

schafft, sein selbst Durchchrister,
Neugottesgrund –
und ihn grüßt Geschwister
Ewiger Bund.

Wäre dies nicht so, würde uns Menschen der wichtigste Grundpfeiler unserer Existenz, nämlich die Selbständigkeit und das Freiheitsbewusstsein, fehlen. So wie das Wort Ich von jedem einzelnen Menschen nur auf sich selbst angewendet werden kann und dennoch ganz objektiv für jeden anderen Menschen gilt, so gibt es vieles, was an Schulungswegen, an Hilfen für die Geisterkenntnis aufgezeigt werden kann und was ganz objektiv schon seit ältesten Zeiten zu den Kulturgütern jeder Religion und jeder nach Wahrheit suchenden

Philosophie gehört, was aber unzureichend bleibt, wenn der Einzelne es nicht selbst denkt und durch eigene Erfahrung zu dem gesuchten Ziele gelangt.

Wenden wir uns also dem Denken des Menschen etwas näher zu.

3. Das Denken baut die Brücke zwischen Geist und Materie[8]

Es gibt Tatsachen, die so selbstverständlich sind, dass man sie gar nicht beachtet. Zu diesen gehört das Phänomen, dass jede Gesetzmäßigkeit in Natur und Mensch dem Denken zugänglich ist, ja, dass es keinen Gedanken gibt, dem nicht eine Gesetzlichkeit, irgendeine Realität in der Welt entspricht. Denn selbst irrtümliche oder falsche Gedanken bewirken etwas im Weltzusammenhang. Alles in Natur und Mensch Wirksame ist letztlich in Form von Gedanken beziehungsweise Gesetzmäßigkeiten darstellbar, die sich untereinander wiederum in Gesetzeszusammenhängen beschreiben lassen. Zum Beispiel stellen die Wirkensfelder der Aggregatzustände des Festen, Flüssigen, Luftförmigen und der Wärme, der Thermodynamik, solche Gesetzeszusammenhänge dar. Entsprechend gibt es auch einen großen Gesetzeszusammenhang, der die Daseinsformen der mineralischen Welt grundsätzlich von denjenigen der Pflanzen, der Tiere und des Menschen unterscheidet.

Die mineralische Natur sehen wir beherrscht von den Gesetzen der Festkörperphysik und der Mechanik. Jeder Körper hat seinen eigenen individuellen Schwerpunkt, eine bestimmte räumliche Ausdehnung und kann mit anderen Körpern je nach Materialeigenschaften in ganz bestimmte Wechselwirkung treten. Erscheinungen wie Leben, seelische Äußerungen oder gar Gedankentätigkeit sind nicht zu beobachten. Dennoch ist ersichtlich, dass diese mineralische Welt von ungeheurer Intelligenz durchzogen ist. Diese reicht von den physikalischen und chemischen Naturgesetzen bis hin zu den erst in unserem Jahrhundert entdeckten Gesetzmäßigkeiten, die zum Bau der Atombombe, den modernen Waffen und Informationssystemen geführt haben und nicht zuletzt Grundlage der gesamten Computertechnik und Mikroelektronik sind. Eine kaum vorstellbare Intelligenz eignet den Einzelelementen und Stoffen der mineralischen Welt in der Art ihres Zusammenwirkens, und wir stehen erst am Anfang, diese Welt des Mineralischen wirklich zu durchschauen und zum Wohl von Pflanze, Tier und Mensch zu benützen.

Die Pflanze kann auf sehr spezifische Weise mit den mineralischen Stoffen des Bodens umgehen, ist jedoch grundsätzlich in ganz andere Gesetzmäßigkeiten hereingestellt, als es die Mineralien sind. Es sind dies die Gesetzmäßigkeiten des Lebens, denen gerade eines nicht eignet, was für die mineralische Welt charakteristisch ist: Isolationsfähigkeit, Vereinzelung und Zerfall. Das Leben zeichnet sich dadurch aus, dass alles miteinander in Wechselwirkung und Zusammenhang steht. Dies betrifft nicht nur die Organsysteme der Pflanze, die von der Wurzel durch das Spross-/Stengel-/Blatt-System bis zur Blüten-, Frucht- und Samenbildung reichen, sondern gilt auch für die Lebensäußerungen der Pflanze, so wie sie in der Natur in Erscheinung treten. Wäre die Pflanze nicht in der Lage, die Einwirkungen von Wind und Wetter und der Himmelskörper, insbesondere der Sonne, genauso intensiv aufzunehmen und zu verarbeiten, wie sie es mit den mineralischen Stoffen des Bodens tut, so wäre Leben nicht möglich.

Sie stellt den Zusammenhang im wahrsten Sinn des Wortes zwischen Himmel und Erde her; denn sie baut mit Hilfe des Lichtes der 150 Millionen Kilometer von der Erde entfernten Sonne ihr Blattgrün durch Photosynthese auf, als Grundlage für alle weiteren Energie- und Substanzvorgänge in ihrem Organismus. So wirken schon bei der Pflanze zwei unterschiedliche Gesetzessysteme zusammen: ein physisch-mineralisches, mit deren Hilfe die Pflanze sinnlich in Erscheinung tritt und sich als individuelle Pflanzengestalt verwirklichen kann, und ein das Leben und seine Gesetze in Erscheinung Bringendes, das in große kosmische Zusammenhänge eingebunden ist. In früheren Naturanschauungen hat man die Gesetze des Physisch-Mineralischen die irdischen genannt und die des Lebens die kosmischen. Denn die Pflanze braucht für ihr Leben die tätige Beziehung zu dem uns umgebenden Kosmos, insbesondere den Bezug zur Sonne und den durch diese bewirkten rhythmischen Ordnungen von Tag, Nacht und Jahreszeiten.[9]

Bei den Tieren tritt als neuer, weiterer Gesetzeszusammenhang der des seelischen Innenlebens und der äußeren Bewegungsfähigkeit auf. Wo aber Äußeres und Inneres sich berühren, entsteht Empfindung, Gefühl, Bewusstsein. Es sind die Gesetzmäßigkeiten, die wir am besten zusammenfassend mit dem Wort «Innerlichkeit» oder «Seele» bezeichnen können. Durch diese Gesetzlichkeit des Seelischen wird es möglich, dass die umfassende Weisheit der irdischen und kosmischen Gesetze in einem individuellen Wesen als «Innenleben» bewusst erlebt beziehungsweise gefühlt werden kann. Es geschieht dies durch Vermittlung der Sinneswahrnehmungen, in denen äußere und innere Vorgänge sich begegnen.

Beim Menschen tritt als neuer Gesetzeszusammenhang die schon erwähnte Erscheinung des selbstbewussten Denkens auf. Dadurch wird sein Seelenleben ein selbstbewusstes, gedankengetragenes. Das Vorhandensein dieses Gesetzeszusammenhangs, der ihm alle Gedankenordnungen frei verfügbar macht, unterscheidet ihn prinzipiell von jedem Tier.

Dem menschlichen Denken sind alle Gesetze zugänglich, die als bewirkende Gesetzmäßigkeiten den Dingen und Naturwesen zugrunde liegen. Zum Beispiel zeigt sich das Gesetz des freien Falls an jedem Körper, der fällt – es beherrscht diesen, ist in ihm «drin», an ihm wirksam. Die in den Naturreichen, den Mineralien, Pflanzen, Tieren und im Menschen tätige Weisheit kann jedoch nur im Menschen in abstrakter, frei verfügbarer Form auftreten. In der Natur geht das «Denken» ganz in den gesetzmäßig wirkenden Erscheinungen auf. Im Menschen hingegen ragt es aus der Natur heraus, indem es in abstrakter Form zur Verfügung steht und nicht im körperlichen Wirken alleine aufgeht.

John Eccles hat in seinem Buch *Wie das Selbst sein Gehirn steuert* herausgearbeitet, in wie hohem Maß erst durch die Kraft der gerichteten Aufmerksamkeit, die das Ich aufgrund seines bewussten Denkens den Dingen und Vorgängen zuwendet, das Gehirn zu seinen Leistungen angeregt wird.[10] Die lebenslange Plastizität des Gehirns, das heißt die Möglichkeit, das Gehirn in seinen Feinstrukturen fortlaufend noch bis ins höchste Alter zu verändern und immer wieder neue Vernetzungsstrukturen zu veranlagen und zu benützen, ist eine Folge dieser nur beim Menschen vorhandenen Denkorganisation und der vom Denken gelenkten und kontrollierten Lernprozesse und Handlungsabläufe. Das Besondere dieser menschlichen Denkorganisation besteht also zum einen darin, dass in ihr die gesamte Weisheit der Natur enthalten und in bewusster Seelentätigkeit zugänglich ist: die Gesetze, nach denen Minerale sich bilden und zerfallen, nach denen das Leben Erde und Kosmos verbindet, nach denen die Verinnerlichung äußerer Eindrücke sich vollzieht. Zum anderen aber kann der Mensch diese Weisheit in abstrakter, das heißt von dem «Drin-Sein» in den Naturvorgängen befreiter Form als Denken betätigen.

So gesehen erweist sich das Denken tatsächlich als Brücke über den Strom, der rein Geistiges von natürlichen, den Sinnen wahrnehmbaren Dingen trennt. Denn die Gedanken, die alles materielle Dasein als die ihm innewohnende Gesetzmäßigkeit durchdringen, können auch losgelöst von dieser im menschlichen Denken als rein geistige Tätigkeit erscheinen. Das Denken zeigt sich so als die die Materie beherrschende Weisheit und zugleich als das Geistesleben des Menschen, durch das dieser die Natur und sich selbst erkennen kann. So ist es berechtigt, das Wort *Geist* im engeren Sinne für den von der Wirksamkeit in den Naturerscheinungen losgelösten Menschengeist zu benutzen. Es ist aber auch gerechtfertigt, im weiteren Sinne vom Geist in der Natur zu sprechen. Damit ist der Weg frei, im Denken eine übersinnliche – eben nur dem Denken selbst zugängliche – geistige Realität zu sehen. Gedanken als Bilder und Gesetzesformeln erscheinen so wie Berührungsorgane zu übersinnlichen Wesen und Vorgängen, die sich im Denken eben so darstellen lassen, wie es für das Sinnlich-Gegebene möglich ist. Wird uns im Nachdenken über das Denken bewusst, dass wir im Denken die sinnliche Welt verlassen können und von zwei Seiten her Botschaften empfangen – von der sinnlichen und von der geistig wesenhaften Seite her –, so erleben wir die Denktätigkeit als Brücke zwischen den zwei Welten. Das Denken ist zwar selbst schon übersinnlicher Natur, durchdringt und ordnet aber in Form der Naturgesetze auch alles sinnlich gegebene Dasein. Wird das Denken so in seiner geistigen Natur erlebt, dann können auch meditative Wege beschritten werden, auf denen es möglich wird, das dem Denken innewohnende rein Geistig-Wesenhafte zu erfassen. Der Gedanke des Ich kann hierbei richtungweisend sein. Denn bei ihm erleben wir genau, wie «dünn» zunächst der bloße Gedanke des Ich ist und wie real und wesenhaft er für uns wird, je konkreter wir uns selbst als geistiges Wesen denken und erfahren lernen.

Im Folgenden sollen nun die verschiedenen Naturreiche, wie sie hier beschrieben wurden, weiter betrachtet werden, und zwar in der Form, wie sie sich als die sogenannten Wesensglieder am Aufbau des menschlichen Organismus beteiligen.

4. Wie die vier Wesensglieder des Menschen «geboren» werden

Rudolf Steiner gab den im vorangehenden Abschnitt besprochenen vier Gesetzeszusammenhängen des Physischen, Lebendigen, Beseelten und Durchgeistigten, sofern sie in der menschlichen Natur erscheinen, den Namen «Wesensglieder des Menschen». Er verwendet für die Wesensglieder auch den Ausdruck «Organismus» beziehungsweise «Leib», da die vier Gesetzeszusammenhänge in Mineral, Pflanze, Tier und Mensch in jeweils individualisierter Form vorliegen und damit auch individuell organisiert und geformt sind. So gehorcht der *physische Organismus* den Gesetzen, die auch in der physikalisch-mineralischen Welt herrschen. Sein *ätherischer Organismus* hingegen umfasst die Gesetzmäßigkeiten des Lebens, wie sie die Pflanzenwelt darlebt. Der *astralische Organismus* beinhaltet die in der Tierwelt herrschenden Gesetze von Bewegung und Bewusstsein. Die *Ich-Organisation* des Menschen hingegen drängt die Naturgesetze aus ihrer naturgegebenen Bindung heraus; sie befreit so den Geist aus der Natur und macht dadurch das freie Spiel der Gedanken unter der Herrschaft des Ich möglich.[11]

Schon 1907 hat Rudolf Steiner in seiner Schrift *Die Erziehung des Kindes vom Gesichtspunkte der Geisteswissenschaft*[12] darauf hingewiesen, dass sich diese Wesensglieder nicht zeitgleich im Menschen entwickeln. Er spricht daher von vier sogenannten Geburten. Durch den Ausdruck «Geburt» wird verdeutlicht, dass hier ein Zutagetreten und Eigenständig-Werden vor sich geht von etwas, was zuvor noch unemanzipiert im Gesamtlebenszusammenhang des menschlichen Organismus tätig war. Wenn der *physische Leib* des Kindes geboren und vom mütterlichen Organismus abgenabelt ist, besteht er für sich und muss lernen, sich als eigenständig zu erhalten. Dabei treten die Funktionen der am stärksten an die physische Umwelt angeschlossenen Organe – Sinnesorgane und Verdauungswerkzeuge – in einen intensiven Anpassungs- und Entwicklungsprozess ein.

Wenn dann im sechsten bis achten Lebensjahr die Schmelzkronen der zweiten Zähne reifen, so vollzieht sich die *Geburt des Ätherleibes,* das heißt derjenigen Kräfte, die Wachstum und Durchformung der verschiedenen Organsysteme bis hin zur Bildung der bleibenden Zähne bewirkt haben.[13] So wie das Freiwerden der physischen Kräfte vom mütterlichen Organismus den physischen Leib in die Lage bringt, mit Hilfe der Sinneswerkzeuge mit der physischen Umwelt individuell zu kommunizieren, so erscheinen jetzt die freiwerdenden ätherischen Kräfte als in sich geschlossene Gedankentätigkeit und ermöglichen willkürlich abrufbare Erinnerungen und die innere Kommunikation mit der Umwelt (Schulreife).

Mit dem Auftreten der sekundären Geschlechtsmerkmale bereitet sich die *Geburt des Astralleibes* vor; sie findet zwischen dem 12. und 16. Lebensjahr statt und ist von der Emanzipation des zuvor noch stark an den Körper gebundenen und von diesem abhängigen Gefühlslebens gekennzeichnet. Das Gefühls- und Empfindungsleben schließt sich jetzt zunehmend an das Denken an und wird eigenständig. Dadurch können sich die Jugendlichen in ihre eigene Seelenwelt in ganz anderer Weise zurückziehen, als dies Kindern mit ihrem noch stark an den physischen Leib und Ätherleib gebundenen Astralleib möglich ist.

Zwischen 18 und 24 Jahren, wenn der physische Organismus ganz ausgewachsen ist, wird als letztes die *Ich-Organisation* geboren. Damit werden rein geistige – vom Körper befreite – Willenskräfte für die eigene schöpferische Gedankentätigkeit frei. Die Ich-Organisation, durch die alle anderen leibfrei gewordenen Gesetzeszusammenhänge gedanklich integriert werden können, ist – so wie das Menschen-Ich selbst – willenshafter, das heißt intentionaler Natur. So bedeutet die Geburt der Ich-Organisation für den jungen Erwachsenen den Eintritt in das Erlebnis der Willensreife und der Verantwortlichkeit für sich selbst und für andere.

So verdankt der Mensch sein *Denken* den vom Körper freiwerdenden ätherischen Kräften und Gesetzen, sein *Fühlen* den freiwerdenden astralischen Kräften und Gesetzen und sein freies *Willensvermögen* den sich vom Körper lösenden Gesetzen der Ich-Organisation. Dabei liegt es in der Natur des Denkens, dass ihm *alle* Gesetzmäßigkeiten zugänglich sind – so wie es dem Fühlen möglich ist, alles Geistige und Sinnliche zu empfinden und zu verinnerlichen, und dem Wollen, geistig und physisch tätig zu werden. *«Leib»* wäre demnach der mit der Materie verbundene Gesetzeszusammenhang, *«Geist»* die von der Materie ganz losgelöste Gesetzlichkeit, *«Seele»* hingegen der Ort, wo beides vermittelt wird, indem das Geistige sich durch den Leib individualisiert und dieses Individuelle sich seiner selbst bewusst wird.

5. Wesensunterschiede zwischen Tier und Mensch

Der prinzipielle Unterschied zwischen Mensch und Tier wurde als Folge der darwinistischen Evolutionstheorie in den letzten hundert Jahren zunehmend verwischt. Daher ist es wichtig, diesen Unterschied neu zu erfassen, wenn man den Menschen als Mensch und nicht als Tier verstehen möchte. Dem Tier ist es zwar möglich, sich individuell seelisch zu äußern – keine zwei Hunde gleichen sich mit Bezug auf ihr Verhalten vollständig, auch wenn sie dem gleichen Wurf angehören –, aber es ist dennoch keinem einzigen Hund möglich, sich nicht wie ein regulärer Hund zu benehmen. In der tierischen Entwicklung fehlt der Faktor Entwicklung, der mit Offenheit, Risiko, Scheitern-Können, Aufgeben, Nullpunkt, Identitätskrise und der ganzen typisch menschlichen Selbstfindungsproblematik gegeben ist. Vielleicht stellen wir Menschen uns deshalb gegenwärtig so gerne auf eine Stufe mit dem Tier, weil wir es insgeheim um seine fraglose Identität und um sein immer artgemäßes Verhalten beneiden. Die weisheitsvollen Gesetzmäßigkeiten der mineralischen Welt, der Lebenszusammenhänge und der seelischen Verinnerlichungsmöglichkeiten kommen beim Tier zwar in jedem einzelnen Individuum auch individuell zum Ausdruck, jedoch immer in einer gewissen Vollkommenheit und Selbstverständlichkeit. Kindheit, Jugend und Erwachsenwerden sind durch Instinkte geregelt und können naturgegeben ausgelebt werden. Und gerade dieses ist dem Menschen nicht möglich.

Schon daran kann unmittelbar abgelesen werden, wie in den Menschen eine über das Tier hinausgehende, völlig andere Gesetzmäßigkeit hereinragen muss, durch die der Mensch gezwungen ist, die Verantwortung für seine Entwicklung selber in die Hand zu nehmen und sie nicht seinen körperlichen Instinkten zu überlassen.[14] Die menschliche Entwicklung ist gekennzeichnet durch eine größtmögliche Offenheit und Verwundbarkeit. Denn alles, worauf das Tier sich weitestgehend verlassen kann – dass es die richtige Wahl der Nahrungsmittel trifft, dass es nicht zu viel und nicht zu wenig isst, dass es sich artgemäß fortpflanzt, dass sein Schlaf- und Wach-Leben geregelt sind, dass das Sozialverhalten dem entspricht, was man von ihm erwartet –, all dies ist beim Menschen nicht von Natur aus gegeben, sondern muss im Laufe des gesamten Lebens nicht nur errungen, sondern auch weiter ausgebildet, kultiviert und «vermenschlicht» werden. Wieviele Arztbesuche würden entfallen, wenn es keine Ess-, Schlaf- und (sexuelle) Beziehungsprobleme gäbe! Schon eine so einfache Überlegung macht deutlich, wie revolutionär, wie dramatisch und grundsätzlich der Unterschied zwischen Mensch und Tier ist. Wenn beim Tier die Geschlechtsreife eintritt, ist sein artgemäßes Verhalten bereits gesichert, und es lebt individuell und sozial in geregelten Bahnen. Beim Menschen hingegen ist die Geschlechtsreife dadurch gekennzeichnet, dass alle noch so gutgemeinten erzieherischen Bemühungen aus den früheren Jahren fruchtlos erscheinen. Eigenes, Unerwartetes macht sich geltend – ein wahrhaft revolutionärer Vorgang.

Mit diesem Eigenen, Unerwarteten, mit dieser Entwicklungsoffenheit hängt aber auch all das zusammen, was zu besonderen Begabungen und Behinderungen Anlass gibt. Mit Begabung und Behinderung leben und umgehen lernen, hat nur für den Menschen Bedeutung, nicht jedoch für die ihm seelisch verwandten Tiere. So hat man zum Beispiel schon aus der Steinzeit Skelette von wasserköpfigen Kindern gefunden und daraus geschlossen, dass die Fürsorge für behinderte Kinder so alt ist, wie Menschen Behinderungen wahrnehmen und pflegen konnten. Ein behindertes Tier in der freien Wildbahn wird sehr bald vom ökologischen System «verarbeitet», es wird aufgefressen, ihm kann nicht geholfen werden. So wird auch dafür gesorgt, dass Behinderungen nicht weitervererbt werden können. Was könnte ein Tier auch in der Auseinandersetzung mit einer Behinderung gewinnen? Da ihm das Selbstbewusstsein und damit auch die persönliche Betroffenheit fehlt, könnte es damit gar nichts anfangen. Es wäre ein sinnloses Leiden. Dem Tier ist es nicht gegeben, durch Leid und Schmerz Erfahrungen zu machen, die es in seiner Entwicklung weiterbringen. Denn es ist in seiner Entwicklung bereits von Natur aus zur Vollkommenheit veranlagt und kann diese nicht durch persönliche Anstrengung noch weiter steigern. Gerade dieses ist beim Menschen grundsätzlich anders. Für ihn sind Leid und Schmerz Herausforderungen, denen er sich während seiner ganzen Entwicklung bewusst stellen muss und durch die er Erfahrungen machen kann und Einsichten gewinnen lernt, die durch nichts anderes zu gewinnen sind. So kommt es auch, dass die Menschen jedem Jahrhundert ein anderes Gepräge geben. Wo früher Kathedralen emporwuchsen, wo Schlösser gebaut wurden, erheben sich heute Versicherungs- und Bankgebäude wie gläserne Paläste. Die Zivilisation wandelt ihr Gesicht, weil wir Menschen immer neue, wenn auch einseitige Fähigkeiten und Interessen entwickeln. So ist zum Beispiel die heutige Begabung für das materielle Leben mit einer allgemeinen «Behinderung» verbunden, geistige Verhältnisse wahrzunehmen und zu beurteilen.

6. Meine Behinderung gehört zu mir

In der Natur zeigt sich das Geistige – wenn es durch menschliche Eingriffe nicht gestört wird – in den weisheitsvoll aufeinander abgestimmten Regelkreisen der ökologischen Zusammenhänge wirksam. Krankheit und Behinderung treten hier nur am Rande als flüchtige Erscheinungen auf, da kranke Pflanzen bald zugrunde gehen, ebenso wie geschwächte und geschädigte Tiere. Demgegenüber besitzt der Mensch die Möglichkeit, mit Krankheiten und Behinderungen unter Umständen jahrzehntelang zu leben und umzugehen. Doch nicht nur das. Bei ihm tritt noch als entscheidender Faktor hinzu, was bei Pflanze und Tier nicht existiert: innere Krankheitsursachen. Pflanze und Tier erkranken, wenn die äußeren Lebensumstände ihrer Art nicht mehr entsprechen und wenn in irgend einer Form nicht mehr kompensierbare Mangelerlebnisse auftreten, was Nahrung und Klima betrifft. Krankheitsursachen kommen bei Tier und Pflanze stets von außen. Beim Menschen treten zu diesen schädigenden Einflüssen von außen als entscheidende, spezifisch menschliche Krankheitsursachen diejenigen von innen hinzu. Die Kräfte, die beim Menschen als freie, seelisch-geistige Betätigungsmöglichkeiten in Erscheinung treten, entstammen ja den Gesetzeszusammenhängen, die den Leib aufbauen und unterhalten. Beim Tier offenbaren sich die entsprechenden Kräfte als leibgebundene instinktive Weisheit und artgerechtes Sozialverhalten. Irrtum und Missbrauch dieser Kräfte sind ausgeschlossen, indem sie der unbewussten Regelung gemäss der Naturgesetzlichkeit unterliegen. Dies ist beim Menschen anders. Hier haben wir das bereits erwähnte große Instinktdefizit, den Mangel an naturgegebener Weisheit, der durch aktive Lernprozesse mit Hilfe der leibfreien Seelen- und Geisteskräfte ersetzt werden muss. Dadurch fehlen dem Körper einerseits ihn regulierende und stärkende Kräfte – diese stehen stattdessen dem Seelen- und Geistesleben zur Verfügung –, andererseits hat er die Möglichkeit, eben diese vom Leib emanzipierten Kräfte zu missbrauchen und dadurch Zerstörung bei sich selbst und bei anderen anzurichten. Nicht nur die Schädigungsmöglichkeiten, die mit falscher Ernährung, zu wenig Schlaf, ungesunder Lebensweise und mangelnder Hygiene zusammenhängen, sind hier gemeint, sondern vor allem diejenigen Schädigungsmöglichkeiten, die durch ein unwahres Denken, ein destruktives Gefühlsleben und durch fehlgeleitete Willenshandlungen zustande kommen. Für den freien Gebrauch dieser Seelen- und Geisteskräfte reif zu werden, ist ein langer Entwicklungsweg. Die damit verbundenen Lernprozesse sind immer dadurch störanfällig, dass der Mensch zunächst geistig, dann seelisch und schließlich auch an Leben und Leib «irren kann». Darin liegt ein tiefer Sinn. Denn wenn er zuletzt den in Form von Krankheit und Behinderung organisch gewordenen Irrtum erlebt, kann er sich dadurch weiterentwickeln. Auch liegt etwas Trostreiches in dem Gedanken, dass man Fehler und Irrtümer selber als solche erleben und damit die Voraussetzungen für ein selbstständiges Zurechtrücken und Verwandeln schaffen kann. Gerade dabei spielt der Umgang mit Begabung und Behinderung eine wesentliche Rolle. Um es an dieser Stelle gleich vorweg zu sagen: *Es wäre einseitig, aus dem hier Vorgebrachten den Schluss zu ziehen, hier tauche nur mit neuer Begründung die alte Lehre wieder auf, dass Krankheit von Sünde und Fehlverhalten komme. Viel wesentlicher ist es, aus diesen Zusammenhängen die Frage abzuleiten: Woher kommen denn die Begabungen? Woher kommen angeborene Fähigkeiten, Genialitäten? Könnten sie nicht gerade das Ergebnis durchgemachter Behinderungen und Krankheiten in einem früheren Erdenleben sein?*

Wir leben heute in einer Zeit, wo die Menschen immer mehr empfinden, wie sie selber für ihre Gesundheit und ihre Entwicklung Verantwortung übernehmen müssen. Dafür sorgt nicht nur der sich anbahnende Zusammenbruch der Gesundheits- und Sozialsysteme, sondern auch, dass der Mensch sich immer stärker als auf sich selbst gestellt erlebt und angesichts der vielen Folgen, die menschliches Handeln in Natur, Umwelt und im Wirtschafts- und Sozialleben anrichtet, erkennt, dass wir es letztlich selber sind, von denen wir und unsere Umwelt abhängen. Die Folgen unserer Taten kommen immer mehr auf uns zu und werden vom Einzelnen viel stärker erlebt, als dies noch vor vierzig, fünfzig Jahren der Fall war. Und so wird es für die Zukunft entscheidend sein, dass möglichst viele Menschen sich ihrer Verantwortung bewusst werden und aus dieser Einsicht heraus energisch an einer Vermenschlichung der kulturellen Verhältnisse arbeiten. Auch wenn noch nie so viele Menschen auf der Erde gelebt haben wie gegenwärtig, so kann man andererseits auch sagen, dass die Defizite an Menschlichkeit nie so stark in Erscheinung getreten sind wie in unserem Jahrhundert mit seinen endlosen Kriegen, Zerstörungen und epidemischen Zuständen von Unzufriedenheit, Depression und Verzweiflung. Und so ist es kein Wunder, dass sich viele Menschen durch diese Tatsachen wie an einer Schwelle empfinden, an der sie sich wachgerüttelt erleben, sich selbst zu erkennen, und auch eine gewisse Sehnsucht empfinden, sich ihre Mitverantwortung für das Ganze bewusst zu machen.

7. Wesensgliedertätigkeit[15] in aufeinanderfolgenden Erdenleben

Die Betrachtung der Naturreiche zeigt, dass die nächsthöhere Naturordnung die nächstniedere durchdringt und beherrscht. So fügen sich beispielsweise die mineralischen Substanzen im Organismus einer Pflanze der Gesetzlichkeit des Lebens ein und folgen erst wieder ihrem eigenen anorganisch-physischen Gesetzeszusammenhang, wenn die Pflanze welkt und abstirbt. Entsprechend wirken auch die Wesensglieder im Menschen so aufeinander, dass die Funktionen des nächsthöheren Wesensgliedes diejenigen des nächstniederen weitgehend beherrschen.

Mit Hilfe der *Ich-Organisation* kann der Mensch seine Intentionalität beziehungsweise Willensbereitschaft auf alles richten, was ihm in Form von Gedanken oder Sinneseindrücken auf der Erde begegnet. Sie ermöglicht reine Geistesgegenwart, völlige Unbefangenheit den Dingen der Welt gegenüber und Anwesenheit des Menschen-Ich in seiner körperlichen und seelisch-geistigen Existenz. In diesem Wesensglied sind wir immer «Herr der Lage», indem es von uns abhängt, worauf wir unsere Aufmerksamkeit richten, wie wir unseren Willen einsetzen und demgemäß im Denken und Handeln tätig werden.

Schon weniger als Herr der Lage erleben wir uns im *astralischen Organismus* mit seiner wogenden Gefühlswelt, seinen

Begehrungen und Wünschen, all den Empfindungen, die wir begrüßen und bejahen, aber auch all den Missstimmungen und Blockaden, über die wir uns ärgern und oft trotz großer Mühe wenig oder gar nicht hinwegkommen. Dennoch können wir immer wieder erleben, welchen Einfluss das Ich auf den Astralleib gewinnen kann, wenn wir dies *wollen.* So kann eine jahrelange Missstimmung infolge einer Beleidigung durch einen anderen Menschen mit einem Schlage aufgelöst und beendet werden, wenn einer der Beteiligten sich zu dem Entschluss durchringt, den anderen um Verzeihung zu bitten. Seelische Kränkungen, die sich unter Umständen jahrzehntelang ausgewirkt haben, können so in überraschender Weise behoben werden, und die Folge ist eine Erfrischung und Entspannung des Seelenlebens. Alles geht plötzlich leichter, die Gefühle sind heller, strahlender, und das ganze Lebensgefühl kann ein anderes werden.

Wie ist es aber mit dem *ätherischen Organismus?* Auch dieser ist in hohem Maße davon abhängig, wie das ihm übergeordnete Wesensglied, der Astralleib, im Leben beansprucht wird. Jeder, der sich nur ein wenig selbst beobachtet, weiß genau, wie sehr Emotionen und bestimmte Grundempfindungen die Lebensfunktionen beeinträchtigen oder aber fördern können. Wer kennt nicht die verzehrenden Gemütsstimmungen, die einen nachts nicht schlafen lassen: nagende Zweifel und damit verbundene Gefühlsspannungen, Sorgen und damit verbundene Ohnmachtsgefühle. Insbesondere sind es Emotionen wie Neid und Eifersucht, die an den Lebenskräften zehren. Fragen wir uns, welche Gefühle den Appetit anregen, die Atmung erfrischen, den Kreislauf und die Herztätigkeit unterstützen, so sind dies insbesondere Freude und Herzlichkeit und ein gewisses Maß an Zufriedenheit und Ruhe. Die Aufbauvorgänge des Organismus, das geordnete Zusammenwirken der aufeinander angewiesenen Organe mit ihren Funktionen und deren Wechselwirkungen brauchen für ihre zyklischen Abläufe im 24-Stunden-Rhythmus ein Gefühlsleben, in dem starke Spannungen immer wieder ausgeglichen werden können und das Auf und Ab der Gefühle und vielfältigen Emotionen immer wieder auch vollständig zur Ruhe gebracht werden kann.

Die Gesundheit des *physischen Leibes* wiederum ist abhängig davon, dass er durch die Kräfte des Ätherleibes im Fließgleichgewicht seiner Stoffe gehalten wird und dass gute Gewohnheiten und ein hygienischer Lebenswandel ihn nicht vorzeitig abnutzen und schadhaft werden lassen.

Wer in dieser Hinsicht Selbsterkenntnis und Selbsterziehung übt, bemerkt zwar, dass er in jedem Augenblick auf sein Wesensgliedergefüge fördernd Einfluss nehmen kann, dass dies unter Umständen aber gar nicht leicht ist, ja, dass die Wesensglieder einen erstaunlichen Widerstand bieten. So kann es bisweilen fünfzehn oder gar zwanzig Jahre dauern, bis man dem Astralleib eine Veranlagung zur Ungeduld und ein sich ständig etwas Gehetzt-Fühlen abgewöhnt hat. Auch kann es große Mühe kosten, auch nur eine kleine Gewohnheit zu ändern und dem zyklisch arbeitenden Ätherleib mit seinen treuen gewohnheitsmäßigen Wiederholungen eine kleine Änderung beizubringen. Bisweilen gelingt es aber auch während eines ganzen Erdenlebens nicht, obwohl man vielleicht täglich oder immer wieder über eine längere Zeit damit gerungen hat.

Ist nun eine solche Mühe umsonst? Woher kommen diese

oft so starken Hemmnisse und Widerstände in den Wesensgliedern? Wie kommt es, dass es beim einen nur wenig braucht, um etwas an seiner Natur zu ändern, und beim anderen für dieselbe Zielsetzung ein großer Zeit- und Kraftaufwand nötig ist? Wie ist es überhaupt möglich, durch Selbsterziehungsprozesse vom Ich aus in dieses Wesensgliedergefüge einzugreifen und dennoch zu erleben, wie die Wesensglieder eine gewisse Konfiguration und Abgeschlossenheit haben, an der in diesem Leben grundsätzlich nicht so leicht etwas zu ändern ist? Am physischen Leib kann man dies besonders deutlich sehen. Der Fingerabdruck bleibt zeitlebens derselbe, auch die Statur und Konstitution – und dennoch gibt es viele Einzelheiten, die sich im Laufe des Lebens ändern können. Der Gesichtsausdruck, die Mimik, die ganze Haltung, sie spiegeln deutlich wider, welche Arbeit das Ich auf dem Umweg über Astralleib und Ätherleib am physischen Leib leisten kann, sodass man immer wieder auch von anderen Menschen, die einen länger nicht gesehen haben, hören kann: Du hast dich aber verändert!

Um diese Phänomene zu verstehen, muss die Betrachtung weiter ausgedehnt werden von diesem einen Erdenleben auf die vorangehenden und die nachfolgenden. Dabei stoßen wir auf ganz zentrale Elemente persönlicher Schicksalsgestaltung, über die gesprochen werden muss, wenn man Begabungen und Behinderungen nicht bloß als Zufall oder blindes Schicksal nehmen, sondern als etwas erleben lernen will, an dessen Zustandekommen man selbst beteiligt war und für dessen Gebrauch beziehungsweise Auswirkungen im Sozialen man selber Verantwortung trägt. Dies ist jedoch nur möglich, wenn man den Gedanken der Wiederverkörperung und die durch viele Erdenleben hindurchgehende Schicksalsgestaltung zugrunde legt. Und das ist gar nicht schwierig. Ja, dieser Zusammenhang liegt nahe, sobald man anfängt, über seine eigene Entwicklung und die anderer Menschen nachzudenken. Denn wie sollte eine Entwicklung zur vollen Menschlichkeit möglich sein, wenn man nur einmal lebt? Selbst so hervorragend entwickelte Menschen wie Goethe, Lessing, Friedrich der Große, Wilhelm Busch oder Franz Werfel[16] wussten sehr genau, dass sie ihre Fähigkeiten einer längeren Vergangenheit zu verdanken haben, als es Kindheit und Jugend dieses einen Erdenlebens gewesen sind. Und sie konnten auch deutlich beschreiben, was ihnen noch zum vollen Menschsein fehlte und was zu erarbeiten weitere Erdenleben gar wohl lohnt.

Noch viel krasser stellt sich die Frage nach dem Sinn eines Erdenlebens, wenn dieses schon in der Kindheit infolge schwerer Krankheit oder Unfall wieder endet oder von lebenslanger schwerster Behinderung gekennzeichnet ist. Oder aber, wenn ein Lebenslauf in Jugend, Lebensmitte oder Alter in Verzweiflung endet und die eigene Identität ganz und gar infrage gestellt wird. So wie im Laufe eines Erdenlebens Scheitern und Neubeginn möglich sind, so auch im Verlaufe von mehreren Erdenleben. Es kann durchaus ein Leben im Zeichen des Scheiterns stehen und dadurch – wenn es im nachtodlichen Leben aufgearbeitet ist[17] – ein völlig neuer Ansatzpunkt für das Wiederaufgreifen des Entwicklungsfadens im folgenden Erdenleben gegeben sein. Je kleiner der Ausschnitt ist, den wir aus einem Entwicklungsverlauf beobachten, umso sinnloser mag er dem Betrachter erscheinen. Je größer die Zusammenhänge sind, in die das Detail eingeordnet erscheint, umso deutlicher treten die Sinnbezüge zutage.

Im Gang der wiederholten Erdenleben erscheint der Mensch nicht nur jedesmal in neuer physischer Gestalt, als Mann oder Frau, mit unterschiedlicher Hautfarbe und in verschiedenen Erdgegenden. Auch sein ätherischer Organismus ist entsprechend in jedem Erdenleben anders konfiguriert, ebenso sein astralischer Leib und die Ich-Organisation. Die damit verbundenen Umwandlungen und Änderungen sind jedoch so, dass sie vom Menschen selber aufgrund seiner Taten und Erlebnisse in früheren Leben mitvorbereitet wurden. Allerdings geschieht diese Umwandlung vom einen Erdenleben in das nächstfolgende nach dem Tode in der geistigen Welt in Zusammenarbeit mit den Menschen, mit denen man auf der Erde gelebt und gearbeitet hat, insbesondere aber auch unter der orientierenden Mitarbeit der Hierarchien.[18] Was im Neuen Testament als «Gericht» bezeichnet wird, ist nicht ein einmaliger Vorgang am Ende der Erdentage, sondern ein Ereignis, das im Kleinen zwischen jedem Tod und neuer Geburt stattfindet. Es hilft uns, unsere auf der Erde begangenen Taten im richtigen Licht zu sehen und an ihnen abzulesen, was wir in einem der folgenden Leben zu ihrem Ausgleich tun können beziehungsweise müssen. Entsprechend gestalten sich dann die Verhältnisse des Lebens. Was unbewusst jede Nacht geschieht,[19] vollzieht sich dann im nachtodlich erwachten Geistbewusstsein auch jeweils zwischen Tod und neuer Geburt. Nach jeder Nacht erwachen wir morgens mit unserem Ich erfrischt, bereit zu neuem Anfang. Oft haben wir uns auch über Nacht «eines Besseren besonnen», fühlen uns auf-«gerichtet» und sehen manches mit neuen Augen. Die Belastungen des vorigen Tages sind wie eine

Schicht tiefer hinabgesunken und bedrängen uns nicht mehr so stark.

Sowohl in der Nacht als auch im nachtodlichen Leben arbeitet das nächsthöhere Wesensglied die Erlebnisse des Tages beziehungsweise des ganzen Erdenlebens mit Hilfe der höheren Hierarchien in das nächstniedere Wesensglied wie einen Abdruck ein. Damit ist dann am nächsten Morgen, beziehungsweise beim Antritt eines neuen Erdenlebens, dieses Wesensglied wieder neu beeindruckbar durch die Ereignisse des Tages und der Gegenwart. Die Ereignisse der Vergangenheit gehen hingegen in die unbewussten Lebensprozesse des Organismus herein, wo sie sich dann entweder noch in diesem oder aber im nächsten Erdenleben zu Behinderungen oder Begabungen formieren können. Die Art und Weise, wie der Mensch sein Erdenleben im *Ich* erlebt und bearbeitet, hat unmittelbare Auswirkungen auf die Erlebnisfähigkeit seines Astralleibes und darauf, wie Denken, Fühlen und Wollen in der Seele zusammenwirken. Damit wird die Voraussetzung dafür geschaffen, dass im nachtodlichen Leben der *Astralleib* des nächsten Lebens so vorbereitet wird, dass er als Grunddynamik, Grundgestimmtheit, Beweglichkeit oder Unbeweglichkeit im Seelischen das beeinhaltet, was durch die Art und Weise entstanden ist, wie der Mensch seine Ich-Erlebnisse im letzten Leben seelisch verarbeitet hat beziehungsweise nicht verarbeiten konnte.

Entsprechend ist es mit dem *Ätherleib*. Seine Konfiguration und Funktionsdynamik sind davon abhängig, mit welchen Gedanken, Gefühlen und Motivationen der Astralleib als Träger des Seelenlebens und Bewusstseins Nacht für Nacht in die geistige Welt, beziehungsweise in das nachtodliche Leben, eingetreten ist und in welchem Maß er am kommenden Morgen – oder zu Beginn eines nächsten Erdenlebens – aufgrund der Aufarbeitung den Ätherleib anregen und erfrischen kann. Es wirkt sich aus, ob man sich den Vorgängen der Umwelt gegenüber liebevoll hat aufschließen können oder ihr sein Mitgefühl verweigert hat. All dieses bestimmt die Konfiguration des Ätherleibes im nächsten Leben. Von dieser Konfiguration jedoch hängt es ab, wie dann im darauffolgenden Erdenleben der *physische Leib* mit Bezug auf Krankheit und Gesundheit sich darlebt. Hier wirkt sich aus, ob der Ätherleib durch gute Gewohnheiten gepflegt oder durch schlechte Gewohnheiten in seinen Kräften angegriffen wurde. Wer also heute die Beschaffenheit seiner Wesensglieder ein wenig analysiert und sich fragt, mit welchen Gefühlen, Stimmungen, Wünschen und Neigungen sein Astralleib behaftet ist – der kann ein wenig ahnen, was er im vergangenen Erdenleben im Ich erlebt und durchlitten hat. Ein Mensch, dem es gelungen ist, durch ein Erdenleben hindurch sich selber treu zu bleiben und die Ereignisse des Lebens positiv zu verarbeiten und als zu sich gehörig zu empfinden, wird mit einem empfindsamen und beweglichen Astralleib wiedergeboren, der sich leicht unter die Herrschaft des Ich stellt. Er wird nicht von Stimmungen heimgesucht werden oder an seinem Gefühlsleben kranken.

Entsprechend prägt sich im heutigen *physischen Leib* ab, was der Ätherleib im vorigen Erdenleben erlebt hat und in diesem wiederum, was den Astralleib im vorigen Leben bewegte. *Angesichts dieser Gesetzmäßigkeit, dass im nächstniederen Wesensglied die Arbeitsergebnisse des nächsthöheren aufgenommen und ins unbewusste Körperleben integriert werden, wird auch ver-*

ständlich, warum es nur begrenzt sinnvoll ist, die Ursachen für Krankheiten und Behinderungen in diesem einen Erdenleben beziehungsweise allein in Konstitution, Vererbung und Umwelt zu suchen. Ihren wirklichen Grund haben sie in längst vergangenen Erdenleben, ja, was den physischen Leib betrifft, reichen sie in das vierte vorige Leben zurück.[20] So kann es sein, dass in diesem vierten vorigen Erdenleben ein Schicksalsschlag vom Ich nicht verkraftet werden konnte, sodass er im folgenden Leben nun im Astralleib als Gefühlskomplex oder unlösbare Seelenstimmung aufgetreten ist. Gelingt es nun nicht, durch Arbeit am Astralleib diesen Gefühlskomplex oder die problematische Seelenstimmung im folgenden Leben aufzulösen, so erscheint das Ergebnis dieser liegengebliebenen Arbeit im darauffolgenden Erdenleben auf der ätherischen Ebene als funktionelle Krankheitsdisposition. Wird nun an dieser nicht durch gute Gewohnheiten und gesundende Erziehungseinflüsse gearbeitet und damit der funktionellen Störung entgegengewirkt, so erscheint sie dann schließlich im vierten Erdenleben als manifeste physische Krankheitsveranlagung oder angeborene Krankheit. So erschreckend eine solche Betrachtung auf den ersten Blick auch sein kann, so zeigt sie doch auch, wie viele Möglichkeiten es gibt, durch Pflege, Erziehung und Selbsterziehung in dieses komplizierte Wirken des einen Wesensgliedes auf das andere einzugreifen. Liegt es doch in hohem Maße an uns selber, wieviel Unverarbeitetes und Ungelöstes in den Wesensgliedern mit in die Nacht und durch den Tod getragen wird.

8. Die vier Wesensglieder als Träger von Begabungen und Behinderungen

Das Menschen-Ich verdankt die vielen Möglichkeiten, sich auf leiblicher, seelischer und geistiger Ebene darzustellen und zu verwirklichen, seinen Wesensgliedern. Rudolf Steiner schildert Leib, Seele und Geist des Menschen als Tätigkeitsfelder des Ich, die sich aus der unterschiedlichen Art des Zusammenwirkens dieser Wesensglieder ergeben:

Im Leib arbeiten physischer Leib, Ätherleib, Astralleib und Ich-Organisation zeitlebens eng zusammen. In der Stoffwechseltätigkeit sind sie ganz hingegeben an das ständige Erneuern und Erhalten der stofflichen Zusammensetzung aller Organe. Beim Gliedmaßensystem, das ganz auf dem Stoffwechsel beruht, sind physischer Leib, Ätherleib und Astralleib miteinander verbunden, während die Ich-Organisation sich teilweise daraus lösen kann, was der Bewegung ihre persönliche Ausstrahlung gibt. Körperliche Krankheiten sind die Folge eines nicht mehr zureichenden Zusammenarbeitens der Wesensglieder.

Die seelische Tätigkeit wird dadurch möglich, dass Ich-Organisation und Astralleib im rhythmischen System nur lose mit dem physischen und ätherischen Leib verbunden sind.[21] Der Astralleib taucht rhythmisch durch Einatmung und Herzkontraktion in den physischen und ätherischen Organismus ein und löst sich über Ausatmung und Herzdiastole wieder von diesen los. Im Fühlen erlebt sich das Ich leibfrei in seiner Ich-Organisation, mit dem Astralleib atmend verbunden und diese tätige Beziehung zwischen innen und außen erlebend. Die wechselnde Tätigkeit des Astralleibes zwischen Eintauchen und Sich-wieder-Lösen ist sowohl Grundlage für die Arbeit des rhythmischen Systems als auch für die Seelentätigkeit des Fühlens.

In der geistigen Tätigkeit sind Ich, Astralleib und Ätherleib leibfrei im Denken tätig. Der für das Zentralnervensystem und die Sinnesfunktionen zuständige Bereich des ätherischen Leibes steht tagsüber zum größten Teil leibfrei für die Gedankentätigkeit zur Verfügung. Nachts taucht dann der Ätherleib als Ganzer wieder regenerierend in den physischen Leib unter, insbesondere in das von ihm tagsüber unterversorgte Nerven-Sinnessystem. Ich und Astralleib hingegen lösen sich vollständig aus dem Nerven-Sinnessystem heraus und kommunizieren – in der Regel unbewusst – mit den Wesen der geistigen Welt.[22]

Grundlage für die leibliche Tätigkeit des Ich ist also das Stoffwechsel-Gliedmaßensystem, für die seelische Tätigkeit das rhythmische System und für die geistige Tätigkeit das Nerven-Sinnessystems.

Damit kann deutlich werden, warum der konsequenten Bewegungsförderung, insbesondere in der Vorschulzeit, eine so eminente Bedeutung zukommt (vgl. auch Seite 108). Denn über die Bewegung ist es möglich, das Zusammenwirken der vier Wesensglieder im Leib noch unmittelbar zu beeinflussen und am Überwinden veranlagter Behinderungen in diesem Bereich zu arbeiten. Frühförderung – insbesondere unter dem Einsatz von Eurythmie und sensorischer Integration – kann, täglich angewandt, in sehr vielen Fällen zu erstaunlichen

Besserungen führen und dem Ich zur Inkarnation in seinen Leib verhelfen.

Entsprechend kann die Inkarnation des Ich im rhythmischen System dadurch gefördert werden, dass in regelmäßigem künstlerischem, insbesondere musikalischem Üben die seelische Tätigkeit angeregt wird. Auf diese Weise können sich das seelisch-geistige und das leibliche Gefüge harmonischer miteinander verbinden beziehungsweise aufeinander abstimmen. Ganz besonders hingewiesen sei an dieser Stelle auch auf die Bedeutung einer konsequenten Pflege der Sprache. Dadurch inkarniert sich das Ich auf differenziertere Weise in der Atmung und wirkt von daher gesundend auf das Stoffwechselleben.

Neuere Behandlungsmethoden wie die der gestützten Kommunikation bei autistischen Kindern haben deutlich zutage gefördert, wie rege und wach der Geist auch schwerbehinderter Kinder ist – selbst wenn er sich durch die vier Wesensglieder hindurch nicht adäquat äußern kann. Und so ist es entscheidend, dem Geist des Kindes Nahrung zu geben, auch wenn man meint, das Kind könne aufgrund seiner Behinderung ja gar nicht verstehen. Das ist der Grund dafür, dass in anthroposophischen heilpädagogischen Einrichtungen ein anspruchsvoller bilder- und geschichtenreicher Unterricht gegeben wird, es werden Kunstwerke musikalischer und dramatischer Art zur Aufführung gebracht, mit ganz erstaunlicher Beteiligung der Behinderten, und es wird insbesondere großer Wert auf die Pflege des religiösen Lebens gelegt, beispielsweise durch regelmäßige Teilnahme an Sonntagsfeiern oder – je nach Religionszugehörigkeit – anderen Gottesdiensten. Hier kann der Geist des Kindes unmittelbar eintauchen, wenn in den Erwachsenen, die dieses mit den Kindern vollziehen, ein Bewusstsein vorhanden ist, dass dem Geschehen eine Realität zugrunde liegt. Würden solche religiösen Gewohnheiten und Dienste nur äußerlich, konventionell vollzogen, so wäre nichts Reales da, was vom Kind wahrgenommen werden könnte.

Die gestützte Kommunikation mit Hilfe des Computers[23] hat inzwischen einen Beweis für die Richtigkeit solchen Vorgehens erbracht. Behinderte konnten dadurch später sagen, was sie zum Beispiel im Religionsunterricht gehört hatten. Auch konnten sie sich noch erinnern, wie der Lehrer sie dabei angeschaut hatte und in welcher Weise sie sich ernstgenommen fühlten oder nicht.

Es ist im Rahmen dieser knappen Ausführungen leider nicht möglich, auf die verschiedenen Krankheitsbilder einzugehen, die sich daraus ergeben, dass das Ich die Wesensglieder nicht ungehindert durchdringen kann. Ich möchte diesbezüglich auf einige grundlegende medizinische und heilpädagogische Werke verweisen,[24] insbesondere auf den *Heilpädagogischen Kurs* von Rudolf Steiner,[25] in dem wesentliche Behinderungen und deren Behandlung beschrieben werden. Rudolf Steiners Engagement war, Behinderungen so weit als möglich zu *heilen.* Er sah die Auseinandersetzung des Ich mit seinen Wesensgliedern vor sich und gab unermüdlich Hinweise, wie diese Auseinandersetzung unterstützt und gefördert werden könnte. Auch für die medikamentöse Behandlung der Wesensglieder gab er Gesichtspunkte, die in der anthroposophischen Heilpädagogik Berücksichtigung finden.

Im Folgenden sei nun auf wesentliche Begabungen hingewiesen, deren Träger die Wesensglieder sind.

Begabungen des physischen Leibes und die Bedeutung der Sinnespflege[26]

Der physische Leib in Form, Funktion und Plastizität seiner Organe ist die Grundlage für jedwede Begabungsäußerung des Menschen. Seine Größe, seine Kraftentfaltung, die Qualität der Sinneswahrnehmungen durch seine Sinnesorgane – all dies setzt Grenzen für bestimmte Leistungsmöglichkeiten oder auch Massstäbe für bestimmte Entwicklungen. Wer mit einem absoluten Gehör geboren wird, ist einfach prädisponiert für eine musikalische Begabung, und wer einen kräftigen Muskelbau hat, ist zu physischer Kraftentfaltung oder zu sportlichen Höchstleistungen veranlagt. Es gibt aber auch eine Reihe verborgenerer Qualitäten, die wir unserem physischen Leib verdanken, allen voran das Erlebnis unserer Egoität, unserer individuellen Persönlichkeit. Nur dadurch, dass wir in einem von der Umwelt abgegrenzten Leib tätig sind, können wir zu dem Erlebnis unserer Eigenheit kommen. Denn schon im Bereich des Ätherischen, das keine Raumstruktur mehr hat, sondern eine zyklisch arbeitende Zeitstruktur besitzt, ist die Abgrenzung und damit auch das Erleben der Eigenheit und Eigenständigkeit nicht mehr in der Weise gegeben wie im Physischen. Daher kommt der Pflege der Integrität des physischen Leibes eine so hervorragende Bedeutung zu, insbesondere in der Erziehung während der Vorschulzeit. Übergriffe auf den Leib des Kindes, ob nun in Form von übertriebener Zärtlichkeit, Gewalt oder aber sexuellen Missbrauchs, stellen immer zentrale Angriffe auf das Persönlichkeits- und Selbsterleben des Kindes dar und veranlagen in diesem physischen Leib über seine vielfältig miteinander vernetzten Sinnesorgane bleibende Kränkungen beziehungsweise Störungen im Selbsterleben und der darauf sich stützenden Selbstachtung. Das Gefühl, Herr im eigenen Hause zu sein, ist die Basis eines gesunden Selbsterlebens im physischen Leib.

Des weiteren ist ein klares Vorstellungsvermögen an die Intaktheit der physischen Gehirnbildung gebunden. So wahr es ist, dass die Gedanken ihren Sitz im ätherischen Organismus haben, so wahr und selbstverständlich ist es auch, dass sie sich nur mit Hilfe des Gehirnorgans und des an sie angeschlossenen Sinnesapparates in Form von Vorstellungen reflektieren lassen können. Daher kommt der Pflege der Sinnesfunktionen, dem Bewegungsspiel und der körperlichen Geschicklichkeit grundlegende Bedeutung zu für die Unterstützung der Gehirnbildung und damit auch eines gesunden Vorstellungslebens. Wie schon erwähnt (vgl. Seite 28 f.), bildet sich der physische Leib nicht nur aufgrund von Vererbung und Umwelt, sondern auch kraft des Interesses und der Aufmerksamkeit, mit dem sich das Kind seiner Umwelt zuwendet und Beziehung zu bestimmten Menschen aufnimmt, indem es sie nachahmt und damit seinen Körper in sinnvolle Tätigkeit versetzt. Jede Form körperlicher Tätigkeit stimuliert aber zugleich auch die physiologischen Abläufe und damit die Bildung der Organe im Wachstumsalter. Was nicht geübt wird, bleibt unentwickelt, was fehlstimuliert wird, bildet eine ungeordnete Anlage. So gehören tatsächlich zu den schlimmsten Schädigungen des physischen Leibes die allgemeine Bewegungsarmut, das technische Spielzeug, das Kinder nur zu wenigen eigenen Bewegungen anregt und sie stattdessen zu Kontrolleuren raffiniert sich bewegender Spielzeuge macht, und nicht zuletzt der Fernsehkonsum. Es gibt wohl kaum eine sicherer wirkende Fehlstimulation der Sinne als die mit Hilfe des Bildschirms. Keine Farbe stimmt mit der in der Wirklichkeit überein. Keine Proportion, kein Größenverhältnis entspricht einer normalen Sinnesbeobachtung, wo sich alle Sinne – Auge, Ohr, Geschmack, Geruch und so weiter – aufeinander abstimmen und in ihrem Zusammenwirken zur Totalität eines bestimmten Sinneseindrucks beitragen. Nicht einmal das Auge hat die Möglichkeit, das räumliche Sehen zu üben, da alle Bilder zweidimensional auf der Fläche erscheinen. Selbst die Augenmuskeln haben keine Möglichkeit, sich aktiv dem Sinneseindruck anzupassen, indem sie sich, wie sonst beim Sehen, um den Gegenstand herum oder mit dem Gegenstand bewegen. Beim Fernsehen wird diese Aktivität dem Auge abgenommen: Das Bild auf dem Schirm bewegt sich, das Auge ist reglos und starr auf den Bildschirm gerichtet. Man macht sich diesen Effekt in Augenkliniken zunutze, wenn man nach Augenmuskeloperationen die Augen wirklich komplett ruhigstellen möchte. Da gibt es kein besseres Mittel, als einige Stunden fernzusehen. Denn selbst im Schlaf bewegen sich die Augäpfel in regelmäßigen Abständen hinter den geschlossenen Lidern.

Wer die Inkarnation des Menschen-Ich im physischen Leib in umfassender Weise fördern möchte, sieht sich gezwungen – auch wenn dies gegenwärtig aus dem Rahmen beliebter Kulturgewohnheiten fällt – den Bildschirm und das technische Spielzeug insbesondere aus dem Vorschulalter komplett zu verbannen und dem Kind seine Auseinandersetzung mit der Umwelt, so wie sie wirklich ist, zu gönnen. In der Schule zeigen sich die Folgen einer Fehlerziehung auf diesem Gebiet insbesondere in Form von Nachahmungsschwäche, unausgebildeter Bewegungsorganisation, Störungen in der Zusammenarbeit der Sinnesfunktionen, Defiziten in der Sprachentwicklung und insbesondere an der Unfähigkeit, intentional, das heißt mit gerichteter Aufmerksamkeit zuzuhören. Denn am Bildschirm nimmt man ständig mehr Informationen auf, als man verarbeiten kann, und lernt auch nicht, das wiederzugeben, was man gehört und gesehen hat. Überdies wird der Fernseher auch allzu oft zur bloßen Geräuschkulisse reduziert, indem man sich gleichzeitig mit etwas ganz anderem beschäftigt. So wird dann oft der Lehrer auch in der Schule mehr als Geräuschkulisse wahrgenommen denn als ein Mensch, dem man mit Interesse und Aufmerksamkeit begegnet. Der schlimmste Fernsehschaden für das spätere Leben ist jedoch die Inaktivität des eigenen Denkens. Das Gehirn hat sich an die passive Informationsaufnahme gewöhnt. Es wurde nicht gelernt, aktiv zu fragen, sich auseinanderzusetzen, sich selber Bilder von einer Sache zu machen. Mangel an kreativen Möglichkeiten, insbesondere aber Mangel an Aktivität und Wille zum selbstständigen Denken sind die Folge. Man ist für die Zuschauergesellschaft erzogen worden, die zwar intelligent registriert, nicht jedoch eigene Ideen entwickeln kann, wie Probleme zu lösen und Auswege aus bestimmten Situationen zu finden sind. Und so hört man von vielen erfolgreichen Menschen im späteren Leben, wie sie dankbar auf ihre fernsehfreie beziehungsweise fernseharme Kindheit zurückblicken. Was aus jedem sportlichen Training tägliche Erfahrung ist, dass sich nämlich der physische Leib nur durch Aktivität in seinen Funktionen ausbilden kann, das gilt eben auch für die feineren inneren Vorgänge im Leibe. Je jünger der physische Leib ist, umso bildsamer und prägbarer und umso verwundbarer ist er. Erst mit zunehmendem Alter kann er den Kränkungen mehr Widerstandskraft entgegensetzen.

Abschließend sei noch eine Übersicht über die zwölf in der anthroposophischen Menschenkunde beschriebenen Sinnesfunktionen und die Empfindungen gegeben, die sie dem Menschen vermitteln.[27]

Der Tastsinn vermittelt Selbsterleben an der Körpergrenze durch Berührung, Geborgenheit durch Körperkontakt, Existenzvertrauen.

Der Lebenssinn vermittelt Behaglichkeits- und Harmonieerleben und ein Empfinden dafür, ob die Vorgänge im eigenen Körper, aber auch diejenigen, die im Umkreis wahrgenommen werden, zusammenstimmen oder nicht.

Der Eigenbewegungssinn vermittelt die Wahrnehmung der eigenen Bewegung; ein Erlebnis von Freiheit und Selbstbeherrschung als Folge der freien Beherrschung des Bewegungsspiels geht daraus hervor.

Der Gleichgewichtssinn vermittelt das Erleben der Lage im Raum, des jeweiligen Gleichgewichtszustands und der damit verbundenen Fähigkeit, den Gleichgewichtspunkt auch zu empfinden, was zum Erleben innerer Ruhe führt. Die spätere Fähigkeit, innere Ruhe, seelisches Gleichgewicht zu üben, hat darin ihre Empfindungsgrundlage.

Der Geruchssinn vermittelt Verbundenheit mit den Duftstoffen, begleitet von starker Sympathie oder Antipathie.

Der Geschmackssinn vermittelt die Qualitäten süß, sauer, salzig, bitter und, zusammen mit dem Geruchssinn, differenzierte Geschmackskompositionen, begleitet von starkem Sympathie- oder Antipathieerleben.

Der Sehsinn vermittelt Licht- und Farberleben.

Der Wärmesinn vermittelt Wärme- und Kälteerleben.

Der Hörsinn vermittelt Tonerlebnisse und erschließt das Erleben des seelischen Innenraums.

Der Wortsinn vermittelt Gestalt- und Physiognomieerleben, bis hin zum Erfassen der Lautgestaltung eines Wortes und seiner Eigenbedeutung. Zum Beispiel sagt «Ljubow» etwas anderes aus über das Wesen der Liebe als «Amour», «Amore» oder «Love».

Der Gedankensinn vermittelt unmittelbares Sinnerfassen eines Gedankens beziehungsweise eines Gedankenzusammenhanges.

Der Ich-Sinn vermittelt Wesenserfahrung eines anderen Ich. Er eröffnet die Wahrnehmung der geistigen Kraftkonfiguration eines anderen Menschen und ein Erleben von dessen Wesensart.

Sinnesentwicklung und Leiberfahrung heißt das grundlegende Buch von Karl König, das er aus seiner therapeutischen Erfahrung als Arzt in der Heilpädagogik geschrieben hat.[28] Es hängt in hohem Maße von dem Gebrauch der Sinne insbesondere in den ersten Lebensjahren ab, ob sich die Leiberfahrung, zu der das Kind angeregt wird, so gestaltet, dass es diesen Leib instinktiv handhaben und sich seiner selbst darin bewusst werden kann.

Das Ich erlebt sich selbst an der Welt durch die Sinneserfahrungen. Durch Tastsinn, Lebenssinn, Eigenbewegungssinn und Gleichgewichtssinn ist es in erster Linie seinem eigenen Leib in dessen Verhältnis zur Welt zugewandt. Die Erlebnisqualitäten für die Selbsterfahrung sind: Vertrauen, Harmonie, Freiheitsgefühl, innere Ruhe. Durch Geruchssinn, Geschmackssinn, Sehsinn und Wärmesinn erfährt es sich primär als seelisches Wesen, begabt, die Weltpolaritäten und ihren Ausgleich wahrzunehmen: Licht, Finsternis und Farbe, Wärme, Kälte und Milde, ekelerregende und angenehme Geschmäcke und Gerüche mit allen Nuancen dazwischen.

Schließlich erlebt sich das Ich durch den Hörsinn, den Wortsinn, den Gedankensinn und den Ich-Sinn als tätiges Geistwesen in der Auseinandersetzung mit den inneren Offenbarungen der Menschen und Dinge in Klang, Wort, Gedanke und Wesensbeschaffenheit.

Wird die Sinneserziehung vernachlässigt, werden der Welt, den Menschen und den täglichen Begebenheiten nicht liebevolle Aufmerksamkeit und Verständnis zugewandt, so werden schwerwiegende Behinderungen für die Selbst- und Welterfahrung veranlagt, die schon in der Schulzeit zu Desinteresse und Lernstörungen führen können und nicht zuletzt zu den wichtigsten Ursachen gehören, warum der Drogenkonsum in unserer Zeit so zunimmt. Denn der Erlebnismangel und der damit verbundene Mangel an Selbsterfahrung, der durch die un- oder fehlausgebildeten Sinnesfunktionen für das Ich unerträglich wird, sucht dann seine Ersatzbefriedigung in der durch die Drogen vermittelten Erlebnisintensität.

Der physische Leib gibt so dem Ich die Grundlage für die Selbstwahrnehmung, dem Ätherleib die Grundlage für Reflexion und Vorstellungsvermögen, dem Astralleib die Grundlage für sein Empfindungsleben, so wie dieses sich als Sinnesempfindung an jede Sinneswahrnehmung anschließt, und er ist selbst der Garant für das Mittelpunktserlebnis der Ich-Erfahrung im Physischen, indem jeder Leib seinen eigenen Schwerpunkt hat und dadurch dem Ich die Möglichkeit gibt, sich selbst im Zentrum zu erleben und die anderen neben sich beziehungsweise die Welt um sich.

Begabungen des Ätherleibes und die Bedeutung des Rhythmischen

Die Tätigkeit des Ätherleibes ist in sich gegliedert. Als unbewusste, den Leib aufbauende Wirksamkeit erweist er sich als Träger der Vererbung, der Wachstums- und Regenerationskräfte, der Fortpflanzung und des Zusammenwirkens der Lebensfunktionen, die wir auch «Vitalität» und «Fähigkeit zur Selbstheilung» nennen, wenn alle Funktionen gut aufeinander abgestimmt sind und harmonieren. Daneben ist er Träger des bewussten Gedankenlebens (vgl. Seite 32). Dadurch gibt er dem Ich die Möglichkeit, von sich selbst zu wissen und damit auch Gedächtnis zu entfalten, indem es den Gedanken von sich selbst mit den Erlebnissen und Erfahrungen verbindet.

Gedächtnisschwächen sind Willensschwächen im Gedankenleben. Sie können positiv beeinflusst werden durch Übungen der Aufmerksamkeit, indem man mit dem Kind möglichst intensiv immer wieder bestimmte Dinge an ihrem Ort anschaut und dann, bevor man sie erneut aufsucht, das Bild dieses Ortes in allen Einzelheiten ins Gedächtnis ruft. Der Ätherleib kann die Selbstwahrnehmung im Physischen zum Selbsterlebnis steigern sowie in der reinen Gedankenarbeit Selbsterkenntnis vermitteln, wobei er durch die Losgelöstheit des Gedankenorganismus vom physischen Leib dem Ich auch die Möglichkeit gibt, als denkendes Wesen von sich selbst abzusehen und sich nicht mehr im Mittelpunkt der Welt zu erleben, sondern auch anderes in den Mittelpunkt seines Interesses zu stellen. Er bildet somit auch die Grundlage für die Selbstlosigkeit, die sich das Ich auf dem Erkenntnisweg erarbeiten kann. Der Astralleib empfängt durch die lebenerhaltende und gedankenvermittelnde Tätigkeit des Ätherleibes die Möglichkeit, das Gefühl der körperlichen und geistigen Selbsterhaltung zu vermitteln. Auch das, was als Selbsterhaltungstrieb bekannt ist, hat seine Wurzeln in der Triebnatur des Ätherischen. (Mit Trieb ist hier dasjenige gemeint, was den Lebenskräften der Pflanze gemeinsam ist, die ihre Blätter, Blüten und Früchte hervortreibt, im Unterschied zum Begierdeleben, welches den Tieren verwandt ist und an den Astralleib gebunden ist. Im physischen Leib wiederum ist das Instinktleben veranlagt.[29])

Die Arbeit des Ätherleibes wird insbesondere unterstützt durch *gute Gewohnheiten* (regelmäßige Essens- und Schlafenszeiten, Wechsel von Arbeit und Spiel) und überhaupt alles, was mit Rhythmus und Regelmäßigkeit zusammenhängt, da dies seiner Zeitorganisation entspricht. Dazu gehören auch das regelmäßige Üben im Künstlerischen (Musikinstrument, Singen, Eurythmie, Malen und ähnliches) und die Pflege religiöser Gewohnheiten (Beten, abendliche Rückschau auf den Tag, Üben von Qualitäten wie Dankbarkeit, Andacht, Ehrfurcht, Zufriedenheit, Friedensfähigkeit). Auch das Erleben von *Ganzheiten* wie schöne Landschaften, Bildwerke, Musikstücke stärkt den Lebenszusammenhang des Ätherleibes. Besonders wichtig ist jedoch ein soziales Klima der *Wahrhaftigkeit*. Denn das sorgfältig aufeinander abgestimmte Wirken der Lebensfunktionen, wo jede Entgleisung sofort einen «Irrtum» beziehungsweise ein funktionelles Kranksein bedeuten kann, bedarf auch in seiner vom Leib emanzipierten Wirkensweise als Gedankenorganismus der ständigen Pflege des Zusammenstimmens der Gedanken, der Integrität, kurz des Ringens um Durchsichtigkeit und Wahrhaftigkeit. Verlogenheit, Argwohn und Zweifel zehren an den ätherischen Kräften, da durch sie der Lebenszusammenhang und das Zusammenstimmen der Funktionen untergraben wird. Und zwar erfolgen diese Schädigungen während des Schlafes in der Nacht, wenn die Gedankentätigkeit des Ätherleibes ruht und dieser sich wieder als ungegliederte Ganzheit dem regenerierenden Aufbau des physischen Leibes zuwendet. In dieser Zeit können sich Schädigungen, die der dem Denken dienende Ätherleib erfahren hat, unmittelbar dem physischen Leib mitteilen. Und so mischt sich dann am nächsten Morgen in die Erfrischung zugleich eine leise Kränkung. Setzen sich dann destruktive Einflüsse über Jahre hin fort, so kann dies noch in diesem Erdenleben zur Ausbildung einer Krankheit führen, oder aber, wenn der Ätherleib in diesem Leben noch über viel Überschusskraft verfügt, kommt es erst im nächsten Erdenleben zu Krankheitsdispositionen.

Zur Pflege der ätherischen Kräfte des Erwachsenen kann die Arbeit an den sogenannten Monatstugenden eine große Hilfe sein.[30] Sie werden jeweils einen Monat lang geübt und stoßen Verwandlungsvorgänge im Hinblick auf neue Gewohnheiten und eine Gesinnung der Wahrhaftigkeit, Liebe und Großzügigkeit an. Rudolf Steiner empfiehlt, diese Monatstugenden regelmäßig zu üben und darauf zu achten, wie als Ergebnis dieses Übens die jeweilige Tugend sich vertieft, aber auch verwandelt und zu einer neuen zweiten Tugend hinführt, die nun ganz das Ergebnis der eigenen Arbeit an der ersten ist. Das mag auf Anhieb etwas kompliziert klingen. Es hängt jedoch mit unserer komplizierten Menschennatur, insbesondere der Ich-Natur, zusammen. Denn die erstgenannten Tugenden (hier auf der linken Seite stehend), sind gleichsam in unserer menschlichen Konstitution im Zusammenhang mit der «Schöpfung des Menschen» veranlagt. Jeder Mensch kann die Ansätze zu diesen Tugenden bei sich entdecken und mit dem Üben beginnen. Die zweitgenannte Tugend (hier auf der rechten Seite) ist jedoch nicht als spontane Veranlagung bei jedem vorhanden, sondern ergibt sich erst durch die Arbeit an der erstgenannten Tugend. Und zwar ist das Bemerkenswerte, dass sie sich nur entwickelt, wenn man die erstgenannte Tugend nicht nur übt, um im Leben mehr Erfolg und «Charakter» zu haben, sondern wenn man sie auch um ihrer selbst willen übt, aus Liebe zu ihr und damit zur Menschwerdung überhaupt. Diese Tugenden sind:

April	Devotion, Ehrfurcht	wird zu	Opferkraft
Mai	(Inneres) Gleichgewicht	wird zu	Fortschritt
Juni	Ausdauer (Durchhaltekraft, Standhaftigkeit)	wird zu	Treue
Juli	Selbstlosigkeit	wird zu	Katharsis
August	Mitleid	wird zu	Freiheit
September	Höflichkeit	wird zu	Herzenstakt
Oktober	Zufriedenheit	wird zu	Gelassenheit
November	Geduld	wird zu	Einsicht
Dezember	Gedankenkontrolle (Kontrolle der Sprache, Beherrschung der Zunge, «Hüte deine Zunge»)	wird zu	Wahrheitsempfinden
Januar	Mut	wird zu	Erlöserkraft
Februar	Diskretion (Verschwiegenheit)	wird zu	Meditationskraft
März	Großmut	wird zu	Liebe

Begabungen des Astralleibes und das Interesse an der Welt

Der Astralleib vermittelt dem physischen Leib die Bewegungsfähigkeit, die der Mensch mit dem Tier gemeinsam hat. Im Ätherischen veranlagt er das Triebleben als Grundlage der Begierden- und Wunschnatur. Und indem er sich vom physischen und ätherischen Leib löst und für die rein seelische Tätigkeit frei wird, lebt er sich als das Gefühlsleben der Seele dar. Er bewirkt, dass die Sinneswahrnehmungen und das Gedankenleben dem Menschen bewusst werden können; damit ist er zugleich die Grundlage der Urteilsfähigkeit. Gepflegt und unterstützt wird der astralische Leib durch Interesse und Offenheit für Welt und Mensch. Nichts schwächt den Astralleib mehr als sinnloses Hineinbrüten in sich selbst, unfruchtbare «Nabelschau» oder gewohnheitsmäßiges Kritisieren anderer; dieses hat zur Folge, dass sich nichts mehr «bewegt», dass Stagnation und Selbstfixierung statt Verwandlung eintreten. Auch das Stehenbleiben bei Reuegefühlen und Gewissensbissen lähmt seine Regsamkeit. Führen Gewissensbisse allerdings dazu, den Menschen auf Fehler und Schwächen hinzuweisen, so sind sie wertvoll. Wenn sie jedoch in diesem Sinn ihre Dienste getan haben, sollten sie aus der Seele verbannt werden und an ihre Stelle das Bemühen treten, es das nächste Mal besser zu machen.

Wohlwollen und Zuversicht sind dagegen Kräfte, die den Astralleib beweglich halten, anregen und helfen, mit Sympathien und Antipathien, das heißt der wogenden Gefühlswelt des Astralischen konstruktiv umzugehen. Wenn man sie nicht nur auslebt, sondern sie als Signale versteht, die einem etwas über sich selbst und andere Menschen sagen können, so führen sie einen weiter. Entscheidend ist jedoch, dass das Gefühlsleben von Gedanken durchzogen wird, also einen klaren «Anschluss» an das denkende Erkennen bekommt und sich von seinem kindlichen Verhaftetsein an den Leib und den an diesen gebundenen Willen lösen lernt. Je mehr dies gelingt, umso weniger ist der Mensch gefährdet, seine Emotionen hemmungslos auszuleben oder sich zu Triebhandlungen hinreißen zu lassen. So berechtigt es beim kleinen Kind ist, dass es unmittelbar und spontan seinen Trieben, Begierden und Neigungen folgt und diese erst am Vorbild der Erwachsenen durch die Nachahmungsfähigkeit erzogen und geformt werden, so unberechtigt ist dieses Sich-Ausleben im Erwachsenenalter. Denn die orientierende Kraft der Nachahmung ist längst verschwunden und muss durch den freien Gebrauch des eigenen Willens ersetzt werden. Bleibt das Gefühlsleben eng an den Leib gebunden und gelingt es im Verlauf des Erziehungsprozesses nicht, es an das erwachende und immer selbstständiger werdende Denken anzuschließen, so ist die konstitutionelle Voraussetzung geschaffen, ein Triebtäter zu werden. Dann ist der Mensch seinen Emotionen ausgeliefert; er muss ihnen folgen, auch wenn seine Vernunft dagegenspricht und ihn davon abhalten möchte.

Für die Selbsterziehung des Erwachsenen sind die sogenannten Nebenübungen – Gedanken-, Handlungs- und Gefühlskontrolle, Positivität und Unbefangenheit sowie deren Zusammenwirken – grundlegende Hilfen, den Astralleib zu pflegen und unter die Herrschaft des Ich zu bringen.[31]

Begabungen der Ich-Organisation und die Bedeutung der Wärme

Die Ich-Organisation betätigt sich im physischen Leib in der Weise, dass sie alle anderen Gesetzeszusammenhänge in ihrem Wirken so aufeinander abstimmt, dass am Ende diese eine bestimmte Persönlichkeit erscheinen kann. Ihre Hauptaufgabe besteht also in Integration und Zusammenfassung. Im Physischen veranlagt sie die Gesamtgestalt nach Form, Größe und Proportion. Sie bedient sich dabei der Wärmeprozesse. So wie die Gesetzmäßigkeiten des Physischen durch den Aggregatzustand des Festen wirksam sind, diejenigen des Ätherischen durch die Gesetzmäßigkeiten des Flüssigen und die des Astralischen durch die Gesetzmäßigkeiten des Luftförmigen, so kann sich die Ich-Organisation durch die Gesetzmäßigkeiten der Wärme unmittelbar äußern. Letztlich hängt es vom *Wärmezustand* des Organismus ab, in welcher Form eine Substanz vorliegt und wie schnell beziehungsweise langsam sie sich mit anderen Substanzen verbindet. Die Arbeit der Ich-Organisation kann so an der Wärmewirkung erkannt werden. Diese geschieht aber interessanterweise im Menschen nie nur physisch; immer treten auch seelische und geistige Wärme auf. Umgekehrt durchwärmt uns eine im Seelisch-Geistigen «auflodernde» Begeisterung bis in unser körperliches Erleben hinein. In der Sinneswelt hat die Wärme eine Brückenfunktion zwischen dem Physischen und dem Geistigen, die vergleichbar ist der Brückenfunktion des Denkens zwischen Materie und Geist (vgl. Kapitel 3, S. 25 ff.). Sie kann sowohl in physischer als auch in seelisch-geistiger Form auftreten und ist doch immer Wärme. Indem dieses Wärmewesen nun von der Ich-Organisation individuell beherrscht wird, gibt es dem geistig-physischen Wesenszusammenhang sein persönliches Gepräge.

Für die Ich-Organisation und das in sie hereinleuchtende Menschen-Ich gibt es kein besseres Stärkungsmittel als die Pflege tragfähiger menschlicher Beziehungen. In der zwischen Menschen entstehenden seelisch-geistigen Wärme erlebt sich der Einzelne bestätigt und gefördert. Schulungsmittel hierzu sind Lebensideale: Interesse am Schicksal des anderen, Anerkennung seiner Stärken, Akzeptanz seiner Schwächen, Vertrauen in seine weitere Entwicklung zum Guten (vgl. Seite 102 und 132). Das Ich, der ewige Wesenskern, lebt ganz in der Kontinuität. Es geht durch viele Erdenleben und wird sich immer mehr seiner selbst bewusst; es stammt aus urferner Vergangenheit und schreitet weiter auf ein leuchtendes Entwicklungsziel zu. So kann alles dasjenige die Ich-Organisation unterstützen, was an Zuverlässigkeit, Kontinuität, Belastbarkeit, Tragfähigkeit, Durchhaltevermögen und so weiter im Leben und in menschlichen Beziehungen zutage tritt. Freundschaften, in denen gemeinsame Ziele oder Arbeitsaufgaben das Verbindende sind, erweisen sich als besondere Kraftquelle für das Ich; ebenso die Pflege der Kernideale des menschlichen Werdens: Wahrhaftigkeit, Liebefähigkeit, Freiheit für sich und die anderen (vgl. Seite 132).

Diese wenigen Andeutungen können auch verständlich machen, warum in einer Zeit, in der die menschlichen Beziehungen so starken Belastungen ausgesetzt sind und vielfach im Nicht-Verstehen und in gegenseitiger Unverträglichkeit auseinanderbrechen, auch die Ich-Funktion und das sich daran knüpfende Selbstbewusstsein und Selbstwertgefühl eine Schwächung erfahren müssen.

9. Begabungen und Behinderungen im Hinblick auf Gesetzmäßigkeiten des Schicksals

An dieser Stelle seien in einer Art tabellarischer Übersicht einige der wesentlichen Forschungsergebnisse Rudolf Steiners zu Schicksalsfragen wiedergegeben, die sich im praktischen Umgang mit Lebensfragen und Krisen als wegweisend erwiesen haben. Rudolf Steiner hat empfohlen, man möge doch seine Forschungsergebnisse an den Erfahrungen des täglichen Lebens überprüfen. Wer dies tut, erlebt das Aufweckende und Erhellende, das von diesen Forschungsergebnissen für die Beleuchtung seiner Lebensfragen ausgeht. Auch wenn er sie zunächst nur als Arbeitshypothesen anwendet, werden dadurch neue Fragen und Einsichten möglich. Gerade im Umgang mit Begabungen und Behinderungen erweist sich dieses als hilfreich und notwendig. Es kann dazu beitragen, das gegenwärtig so schwer zu erringende Schicksalsvertrauen neu zu erlangen.

Die von Rudolf Steiner erforschten Gesetzmäßigkeiten des Schicksals (Karma) – wie sie hier zusammengestellt sind – wurden bewusst nicht in eine bestimmte Ordnung gebracht. Jeder Schicksalszusammenhang möge für sich genommen und bedacht werden. Dabei wird sicher vieles erst einmal Frage sein, Erstaunen hervorrufen. Anderes wird – je nach den bisherigen Lebenserfahrungen des Lesers – auch unmittelbar einleuchtend erscheinen oder ihn als Frage weiterbegleiten. Es kann zum Anlass werden, sich selber aktiv mit den

Grundlagen der Karmaforschung Rudolf Steiners auseinanderzusetzen. Zum Einstieg hierzu sei das Kapitel «Reinkarnation und Karma» aus der *Theosophie* empfohlen sowie der Vortragsband *Offenbarungen des Karma.*[32]

Schicksalsereignis	Folgen für die gegenwärtige Biographie oder für ein späteres Erdenleben
Eintreten eines gewaltsamen Todes	Dadurch erfährt das Ich-Bewusstsein im Leben nach dem Tod eine bedeutende Stärkung, und das nachtodliche Leben kann viel bewusster erlebt werden, als dies ohne den Schmerz des gewaltsamen Todes möglich gewesen wäre.
Früher Tod	Überschuss an Kraft und Lebensmotivation im nächsten Leben.
Tod im hohen Alter	Man übergibt der Erde einen physischen Leib, der sehr viel Arbeit des Ich aufgenommen hat. Die so verwandelte Substanz des Leibes hat für den Erdorganismus dieselbe Wirkung wie Hefe im Brotteig.
Neid, auch maskierter Neid, der sich im Hang zu kritisieren darlebt	Im späteren Leben seelische Schwäche, Unselbstständigkeit und die Neigung, sich immer häufiger Rat bei anderen zu suchen; konstitutionelle Schwäche im nächsten Leben.
Neigung zur Lügenhaftigkeit	bewirkt im späteren Leben, dass man anderen Menschen nicht mehr unmittelbar in die Augen schauen kann. Im nächsten Leben hat man es

	schwerer, zu seiner Umgebung in ein gutes Verhältnis zu kommen. Man leidet darunter, nicht verstanden zu werden. (Beobachtet man an Kindern dieses Phänomen, ist es sehr wichtig, zu ihnen ganz besonders wahrhaftig zu sein und sich um ein ganz unmittelbares, offenes Verhältnis zu bemühen. Dadurch kann dieses mit gebrachte Hemmnis unter Umständen schon in der Kindheit verwandelt werden und muss nicht mit ins weitere Leben genommen werden.) Disposition, dass die Organfunktionen weniger gut aufeinander abgestimmt sind.
Wohlwollen	Man fühlt sich gesund, strahlt Seelenwärme aus, es gelingt alles leichter und besser. Im nächsten Leben Geschicklichkeit.
Zufriedenheit	Wunden heilen besser. Es wird dem Menschen leichter, das Gleichmaß des Lebens zu finden. Er übt eine harmonisierende Wirkung auf seine Umgebung aus.
Wer im Vorschulalter aus freiem Antrieb heraus alle sinnvollen Tätigkeiten nachahmen durfte und nicht unter dem Zwang von Verhaltensmaßregeln stehen musste,	kann sich bis ins späte Alter leichter gesund und frisch halten und wird immer wieder die innere Kraft haben, etwas Neues zu beginnen.
Wird man im Vorschulalter gehindert, seinen inneren Bedürfnissen im Tun und Nachahmen zu folgen,	so verarmt die Seele leichter im Laufe des Lebens, und körperliche Gebrechen des Alters treten eher in den Vordergrund.

Wer im Schulalter vor der Pubertät zu Persönlichkeiten als zu geliebten Autoritäten aufschauen durfte, wer Andacht vor den Wundern der Natur empfunden hat, wer beten lernen durfte in ehrfürchtiger Stimmung,	hat im späteren Leben eine selbstverständliche Autorität und kann durch seine bloße Anwesenheit hilfreich, ja segnend in der Gemeinschaft wirken. Er ist dazu veranlagt, ein persönliches Verhältnis zur Wahrheit zu bekommen.
Schicksalsschläge in der ersten Lebenshälfte	bewirken oft in der zweiten Lebenshälfte, dass man viel tüchtiger, regsamer und bewusster im Leben steht, als es ohne den Schicksalsschlag der Fall wäre.
Handeln aus Liebe	bewirkt, dass im nächsten Leben viel Freude und Wärme auf einen zukommen. Es gibt dem Leben Schwingen. Im übernächsten Leben ist die Folge die Begabung, Mensch und Welt leichter zu verstehen. Man hat einen freien und offenen Sinn für die Welt.
Gelingt es, die im Astralleib aus früheren Leben mitgebrachten karmischen Sympathien und Antipathien zu trennen von dem, was wir in diesem Leben von Mensch zu Mensch wahrnehmen und unmittelbar erleben,	dann wird es leicht, sich mit den Menschen um uns in ein positives Verhältnis zu setzen. Denn oft trüben nur die aus vergangenen Leben mitgebrachten Sympathien und Antipathien als Vorurteile unseren Blick für die Vorzüge und Fähigkeiten der anderen.
Handeln nur aus Pflicht	bewirkt im folgenden Leben eine gewisse Gleichgültigkeit dem Leben gegenüber. Man leidet auch an der Gleichgültigkeit anderer Menschen. Im übernächsten Leben – wenn an dieser Gleichgültigkeit nicht gearbeitet wurde – ist die Folge ein orientierungs-

	loses Leben und der quälende Zustand, nichts Rechtes mit sich anfangen zu können.
Handeln aus Hass oder aus Kritik, die dem Hass entspringt – auch wenn dies oft nicht bemerkt wird, da man die Kritik für berechtigt hält[33] –,	führt im nächsten Leben zu der Schwierigkeit, am Leben lernen zu können, und zu von außen verursachter Unlust. Man erlebt sich leicht als leidend und neigt dazu, von allem schmerzlich berührt zu werden und das Positive an den Dingen und Vorgängen nicht zu bemerken. Im übernächsten Leben Neigung zu geistiger Stumpfheit gegenüber der Welt, zu törichtem Wesen.
Interesse für die Sinneswelt	veranlagt für das folgende Leben ein reiches Seelenleben, für das übernächste Leben gesunden Körperbau.
Freude an der Malerei	Sympathischer Gesichtsausdruck
Kein Interesse an den Himmelsvorgängen, insbesondere an den Sternen	Bindegewebsschwäche, schlaffer Körperbau
Kein Interesse für Musik	Asthma, Neigung zu Lungen krankheiten
Im Erleben von Krankheit und damit verbundenem Schmerz	erzeugt sich der Antrieb, das in früheren Leben Versäumte nachzuholen, auch wenn dies in diesem Leben nicht mehr möglich ist. Man nimmt es als starken Impuls mit in das nächste Leben. Dort erscheint es dann als Fähigkeit, das Versäumte nachzuholen, das heißt unter Umständen als bedeutende Begabung.

Jugendfreundschaften	Im nächsten Leben Begegnung im späteren Lebensalter, unter Umständen tiefe Freundschaft in der zweiten Lebenshälfte oder im Alter.
Von Egoismus geprägte Freundschaft	Zerbrechen der Freundschaft, oft schon in diesem Leben.
Früher Verlust einer Freundschaft	Wille zur Vertiefung dieser Beziehung für das nächste Leben
Die Art, wie wir in einem Leben denken, fühlen und wollen	bestimmt im folgenden Leben unser äußeres Schicksal, das, was an Gedanken, Beziehungsgefügen und Handlungen auf uns zukommt.
Fähigkeiten, Talente, Behinderungen und Begabungen des einen Erdenlebens	tragen wir im nächsten Leben in unsere physisch-ätherische Organisation herein, und sie bewirken da unser inneres Schicksal bzw. unsere Krankheits- und Gesundheitsdispositionen(vgl. das Kapitel «Wesensgliedertätigkeit in aufeinanderfolgenden Erdenleben»).
Positive Lebenserfahrungen	fördern unsere Arbeit an der Welt und für sie.
Schlimme Erlebnisse und Erfahrungen in diesem Leben	fördern die Arbeit an uns selbst, werfen uns gleichsam auf uns selbst zurück, konfrontieren uns mit uns selbst.
Wahre Gedanken über einen Menschen	stärken dessen Lebenskräfte, fördern und beleben ihn.
Mangel an Liebe	schädigt den Astralleib des anderen.
Reste des alten, nicht ganz aufgelösten Astralleibes des letzten Lebens	können unter bestimmten Schicksalsumständen als falscher, unberechtigter «Hüter der Schwelle» in bösen Träumen

	und Visionen das Ich wie ein zweites Ich umgaukeln und quälen. Dieser Hüter kann auch leicht heraustreten aus dem diesmaligen Wesensgliedergefüge und dann als Doppelgänger erscheinen.
Wer die Gesetzmäßigkeiten des Schicksals in sein Denken und Fühlen aufnimmt und sich bemüht, danach zu leben,	gewinnt Kraft und Sicherheit für das jetzige Leben.
Wer seine Vergangenheit zu tragen bereit ist,	hat die Hände frei für die Zukunft. Er verliert keine Zeit und Kraft mehr damit, über Sinn und Unsinn des Vergangenen zu grübeln.
Interesse und Verständnis für andere Menschen	Neigung zu gesundem Seelenleben im nächsten Leben
Interesse für die Schöpfung, die Kunst, die Vorgänge der Welt	Neigung zu gesundem Körperbau im nächsten Leben
Egoistischer Erwerbssinn	Disposition zu Infektionskrankheiten im nächsten Leben
Wer viel allein und für sich hat sein müssen und gezwungen war, sich im kleinsten Kreis zu bewegen und wenig Interesse für andere ,zu entwickeln,	veranlagt die Tendenz, im nächsten Leben ein Melancholiker zu werden.
Wer viel erlebt hat, weit herumgekommen ist, sich mit Menschen verbinden konnte, auch hart hat mit sich umgehen lassen müssen und dies ertragen hat,	bekommt die Disposition zum cholerischen Temperament.

Ein angenehmes leichtes Leben, in dem viel gesehen und angeschaut wurde,	disponiert zum phlegmatischen und sanguinischen Temperament.
Lebenserfahrungen	führen in diesem, oft auch erst im nächsten Leben zu wirklichem Wissen.
Gewohnheitsmäßiges egoistisches Handeln	disponiert im nächsten Leben zu frühemAltern.
Liebevolles mitfühlendes Handeln	lässt im nächsten Leben lange jung und frisch bleiben.
Durchleiden körperlicher Krankheiten	führt zu physischer Schönheit im nächsten Leben.
Durchmachen von Infektionskrankheiten	überwiegendes Leben in schöner Umgebung im nächsten Erdenleben.

Marie Steiner schreibt 1932 in ihrem Vorwort zu dem Vortragsband *Offenbarungen des Karma* von Rudolf Steiner:

«Wo fasst sich der Mensch, dass er wieder empfinde und ergreife seinen eigenen Wert, der ihn über die Despotie der Aktienverbände, der technischen Konstruktionen, über die Macht der Maschine hinaushebt? Nur da, wo er verknüpft ist mit den Ewigkeitswerten, wo er sich hineingestellt sieht in die lebendige Kette gesetzmäßig wirkender Zusammenhänge von Ursache und Wirkung und ihres zyklischen, vorwärts und rückwärts flutenden Ablaufs. Und dieses ist das Gesetz des Karma. In ihm kann sich der Mensch finden und ergreifen, bilden und umformen.

Durch das Hinausragen der Entelechie über die Grenzen der zeitgegebenen Erscheinungsform wird Notwendigkeit zur selbstgewollten Prüfung, Schicksalsschwere zur freigewählten

Tat, Leid und Schmerz zum Erkenntnisweg, der uns unserer Vollendung entgegenführt. Es sind die Etappen der Erweckung unseres Ich. Sie erst öffnen uns das Tor aus dem Kerker unseres physischen Gehäuses hinaus ins Freie, in die Welt der moralischen Impulse und der Verantwortlichkeitsgesinnung.

Mit ihnen ausgerüstet, werden wir in höherem, geistigem Sinne fruchtbar wirken in der Welt der zusammenbrechenden alten Werte. Denn wir halten dann das Dauernde in der Hand, das uns frei macht und stark, das den wankenden Boden unter unseren Füßen festigt.»

Heute sind die Begriffe Reinkarnation und Karma schon wieder weit im Kulturleben auch der westlichen Menschheit verbreitet. Es gibt eine wachsende Literatur von Erfahrungsberichten und eine Reihe psychotherapeutischer Verfahren, die die Rückführung in frühere Leben einbeziehen.[34] Umso notwendiger scheint es, auf die umfassenden Forschungen Rudolf Steiners zur Wiederverkörperung hinzuweisen, denn sie können helfen, in die immer schwieriger zu überschauende Fülle möglicher Erlebnisse und Einsichten auf diesem Gebiet eine zuverlässige Orientierung hereinzubringen.

10. Warum ich? – Motive zur Sinnfrage

In der kinderärztlichen Sprechstunde begegnet einem immer wieder die Frage: Warum muss mein Kind so leiden, warum hat es mein Kind so getroffen? Doch auch wer im Erwachsenenalter von einer Krankheit getroffen wird – oft wie von einem Blitz aus heiterem Himmel – fragt sich: Warum musste das mir passieren und warum gerade jetzt? Viel seltener stellen sich Eltern, die ein besonders begabtes Kind haben, entsprechende Fragen; überhaupt werden besondere Fähigkeiten eher als etwas Selbstverständliches hingenommen oder als «Geschenke der Natur» betrachtet.

Die Antwort auf die Frage nach Ursprung und Sinn von Krankheit und besonderer Begabung erschließt sich dann, wenn wir das Leben daraufhin anschauen, was wir mit Hilfe der betreffenden Begabung tun konnten oder was als Folge der Krankheit bei uns selber oder bei Menschen in unserem Umkreis entstanden ist. Es wurde bereits erwähnt, dass es zu den Besonderheiten der menschlichen Natur gehört, aus Leid, Schmerz und Krankheit Erfahrungen zu sammeln, die den Menschen in seiner Entwicklung weiterbringen. Und so ist die entscheidende und fruchtbare Frage im Umgang mit solchen Schicksalstatsachen stets die: *Was konnte ich oder was kann ich lernen? Wie beeinflusst es meine weitere Entwicklung?*

Schon harmlose Infektionskrankheiten, beispielsweise ein

einfacher Schnupfen, offenbaren in dieser Hinsicht einen Sinn; denn sie helfen dem Immunsystem, sich wieder einmal zu aktivieren und zu üben, und wenn sie vorbei sind, hat es eine Stärkung erfahren. Daher ist es durchaus sinnvoll, dass gerade in den ersten Lebensjahren, in denen das Immunsystem noch im Aufbau ist und der Körper lernen muss, sich gegen Krankheitserreger zu wehren, zahlreiche akute fieberhafte Infekte auftreten. Auch bei relativ harmlosen psychosomatischen Erkrankungen im Jugend- und ersten Erwachsenenalter ist die Sinnfrage nicht schwer zu beantworten. Schlafstörungen, Appetitlosigkeit, Magen- und Kopfschmerzen – all diese funktionellen Beschwerden deuten darauf hin, dass das Ich noch nicht gelernt hat, Probleme und Sorgen seelisch so zu verarbeiten, dass dadurch der Ätherleib und als Folge davon auch der physische Leib in ihrer Funktionsweise nicht beeinträchtigt werden. Die Einsicht in diese Zusammenhänge, verbunden mit entsprechenden Übungen in innerer Ruhe oder auch Entängstigung, lassen diese Erscheinungen bald abklingen. Schließlich ist die Frage nach dem Sinn der Krankheit auch nicht schwer zu beantworten, wenn es im letzten Lebensdrittel um solche chronischen Krankheiten geht, die nicht so schwerwiegend sind, dass sie den Menschen in Beruf und Alltag deutlich behindern. Denn jeder, der eine Krankheit hat, von der er weiß, dass sie ihn nun bis ans Lebensende begleiten wird – wie dies bei chronischen Krankheiten immer der Fall ist –, der wird sich fragen müssen, warum er jetzt schon so deutlich mit der Vergänglichkeit seines Körpers konfrontiert wird. Er wird sich dadurch stärker und auf viel existenziellere Art die Frage nach dem Lebensende und dem Zerfall des Körpers im Tode stellen müssen als jemand, der sich bis ins hohe Alter einer stabilen Gesundheit erfreut. Angesichts der chronischen Krankheiten im Alter tritt an den Menschen die Frage heran, wie wohl das Leben und die geistige Existenz nach dem Tode weitergehen. *Die drei genannten Krankheitsgruppen – harmlose akute Infekte, leichtere psychosomatische Krankheiten und erträgliche chronische Krankheiten im Alter – zeigen nur zu deutlich, wie hier der Mensch für seine körperliche, seelische und geistige Entwicklung etwas lernen kann, was für das weitere Leben hilfreich und wichtig ist.*

Viel schwerer zu beantworten ist die Sinnfrage angesichts schwerer angeborener Behinderungen, unheilbarer oder sehr schmerzhafter Erkrankungen oder aber angesichts verstümmelnder Unfälle mit schweren Folgen für das weitere Leben. Im Umgang mit solchen Schicksalsschlägen, die auf den ersten Blick sinnlos erscheinen und Bitternis und Verzweiflung wachrufen, ist es entscheidend, ob überhaupt erst einmal gelernt werden kann, in eine Richtung zu fragen, aus der hilfreiche Antworten kommen können. Bei dieser Richtungssuche für brauchbare Fragen und mögliche Antworten kann die Betrachtung der verschiedenen Krankengeschichten in den Evangelien entscheidend weiterhelfen. Es sei dies ein wenig erläutert.

Wer die Krankengeschichten im Matthäus-, Markus-, Lukas- und Johannes-Evangelium liest, kann grundsätzlich drei verschiedene Typen von Krankengeschichten erkennen, entweder in reiner Form oder auch miteinander verbunden. Diese Typen von Krankengeschichten haben jedoch mit der Krankheit, um die es jeweils geht, nichts zu tun. Vielmehr beziehen sie sich ausschließlich auf die Art der Behandlung beziehungsweise der Heilung. Dabei sind es die Schicksalsumstände selbst, unter denen die Krankheit auftritt, die zu der jeweils bestimmten Art der Behandlung Anlass geben.

Beim ersten Typus von Krankengeschichten geht es um ganz persönliche Schicksalsumstände. Als Beispiel sei die Begegnung mit dem Blinden von Jericho angeführt: *«Und sie kamen nach Jericho. Und als er aus Jericho herauszog, gefolgt von seinen Jüngern und einer großen Menge, da saß der Sohn des Timäus, Bartimäus, ein blinder Bettler, am Wege. Und als er hörte, dass Jesus von Nazareth vorüberkäme, begann er laut zu rufen: Sohn Davids, Jesus, habe Erbarmen mit mir! Und viele drohten und geboten ihm zu schweigen. Er aber rief nur umso lauter: Sohn Davids, habe Erbarmen mit mir! Da blieb Jesus stehen und sprach: Ruft ihn herbei. Und sie riefen den Blinden herbei und sprachen zu ihm: Mutig, stehe auf, er ruft dich! Da warf er seinen Mantel ab, sprang auf seine Füße und eilte zu Jesus. Und Jesus sprach zu ihm: Was soll ich für dich tun? Der Blinde sprach: Meister, gib, dass ich mein Augenlicht zurückerlange. Und Jesus sprach: Geh hin, dein Glaube hat dich geheilt. Und plötzlich konnte er wieder sehen und folgte ihm auf seinem Wege nach.»*[35] In dieser Krankengeschichte wird der Name des Betroffenen genannt, es findet eine individuelle Begegnung, ein «Arzt-Patienten-Gespräch» statt. Es wird auch beschrieben, wie der Kranke sich verhalten soll und wie der Geheilte sich danach verhält: «…und folgte ihm auf seinem Wege nach.» Dieser Typ von Krankengeschichten ähnelt am meisten denjenigen, die wir heutzutage hauptsächlich beachten: Es handelt sich um eine individuelle medizinische Beratung. Und auf dieser individuellen Ebene wird auch der Sinn der Heilung erlebt, die – in den Evangelien immer – von einer inneren Erweckung beziehungsweise Bekehrung begleitet ist.

Wenig beachtet werden heute hingegen die Krankengeschichten, wo nicht der Kranke selbst im Mittelpunkt steht, sondern die Menschen im Umkreis es sind, auf die es ankommt und die im Zusammenhang mit der Heilung eine innere Verwandlung durchmachen. Hier sei «der Hauptmann von Kapernaum» als Beispiel genannt: «*Als er diese Rede, die auch das Volk mitanhörte, vollendet hatte, ging er nach Kapernaum. Dort lag der Diener eines Hauptmanns darnieder und war dem Tode nahe; und er war ein Vertrauter des Hauptmanns. Als dieser nun von Jesus hörte, sandte er die Ältesten der Juden zu ihm und ließ ihn bitten, er möchte kommen, um seinem Diener das Leben zu retten. Sie kamen zu Jesus und baten ihn inständig mit den Worten: Er ist deines Beistandes würdig, denn er liebt unser Volk, und die Synagoge hat er uns erbaut. Und Jesus machte sich mit ihnen auf den Weg. Und als sie schon nahe bei dem Hause des Hauptmanns waren, sandte ihm dieser seine Freunde entgegen und ließ ihm sagen: Herr, bemühe dich nicht, ich bin nicht würdig, dass du in mein Haus eintrittst, darum habe ich auch nicht gewagt, selber zu dir zu kommen. Sprich nur ein Wort, so muss mein Knabe gesund werden. Ich bin auch ein Mensch, der höheren Gewalten untersteht, und ich wiederum habe Soldaten unter mir, und wenn ich zu dem einen spreche: Geh, so geht er, und zu dem anderen: Komm, so kommt er; und wenn ich zu meinem Diener sage: Tue dies, so tut er's. Als Jesus das hörte, erstaunte er, wandte sich zu der ihm nachfolgenden Menge und sprach: Ich sage euch, nirgends in Israel habe ich eine solche Kraft des Vertrauens gefunden. Und als die Abgesandten wieder in das Haus kamen, fanden sie den Diener genesen.*»[36] In dieser Krankengeschichte tritt das individuelle Schicksal des Betroffenen nicht in Erscheinung. Die entscheidenden Veränderungen, von denen im Zusammenhang mit der Heilung berichtet wird, vollziehen sich vielmehr bei den Menschen im Schicksalsumkreis des Kranken. Durch die plötzliche Krankheit des Knechtes finden die Ältesten der Juden, der Hauptmann selbst und dessen Freunde hin zu Christus. Wer hier die Sinnfrage stellt, muss erkennen, dass sich der «Erfolg», der Sinn der Krankheit, nicht bei dem Betroffenen selbst zeigt, sondern bei den Menschen seines Schicksalsumkreises.

Es mag auf den ersten Blick befremden, dass ein Mensch eine schwere Krankheit durchmacht und der Sinn dieser Krankheit nicht in erster Linie für ihn selber ist, sondern in dem liegt, was die ihn pflegenden und an seinem Leben und seiner Entwicklung Anteil nehmenden Menschen durchleiden. Doch der Blick in die tägliche Praxis des Umgangs mit Kranken zeigt, dass dies tatsächlich oft der Fall ist. Es gibt Kranke, wo ganz eindeutig die Sinnfrage primär beim Betroffenen liegt, während die Menschen des Umkreises bemüht sind, ihm bei diesem Lernprozess zu helfen, selber jedoch an diesem Ereignis keine größeren Änderungen ihrer Lebenseinstellung oder Lebenseinsichten erfahren. Und dann gibt es eben auch genau das Umgekehrte: Der Erkrankte ist wie gottergeben in sein Schicksal, zufrieden, trotz der Schwere seines Zustandes, während die Menschen seines Umkreises durch Verzweiflungen und Abgründe von Sorge, Angst und Unsicherheit gehen. Sie werden durch die Krankheit aufgerüttelt. So wie Kinder ihre Eltern ganz verschieden erleben und umgekehrt (vgl. das erste Kapitel) und jeder am anderen etwas ganz anderes durchmacht, so ist es auch hier.

Die Schicksalsbeziehungen unter den Menschen sind außerordentlich differenziert. Was jeweils zählt, ist einerseits das ganz Individuelle der Entwicklungssituation des Einzelnen und andererseits seine Beziehung zu den Menschen um ihn herum. Im Hinblick auf die Schicksalsbeziehungen der Menschen untereinander kommen wir in einen Bereich, wo alles unvergleichlich, besonders, einmalig ist. Kein Schicksal ist gleich einem anderen; denn was innerlich durchgemacht und erlebt wird von den Menschen, ist sehr verschieden, so ähnlich auch die Lebensläufe nach außen hin erscheinen mögen. Dies wird sichtbar, wenn es gelingt, das Vertrauen von Menschen zu erlangen und wirklich Einblick zu tun in das, was sie während ihres Lebens tatsächlich erlebt, erlitten und erreicht haben.

Es gibt jedoch neben der persönlichen und sozialen noch eine dritte Ebene der Schicksalsbetroffenheit. Und das ist die menschheitliche. So wie der einzelne Mensch seinen Schicksalsgang hat, so haben ihn auch Menschengruppen, Religionsgemeinschaften, Völker, größere und kleinere soziale Vereinigungen wie Familien oder Arbeitsgemeinschaften. Darüber hinaus gibt es aber auch noch den allumfassenden menschheitlichen Schicksalszusammenhang. Die Menschheit als Ganze hat sich durch die Jahrtausende hindurch entwickelt, hat ihre Vergangenheit, ihre Gegenwart und ihre Zukunft – hat ihr Schicksal im Weltganzen. Und auch hier hat die Krankheit ihre aufrüttelnde Bedeutung, indem sie den Menschen wach machen kann für seine Zugehörigkeit zum Menschheitsganzen. Dann liegt der Sinn einer Erkrankung nicht nur auf der persönlichen oder auf der schicksalsmäßig sozialen Ebene, sondern hauptsächlich in dem Reich, wo der Einzelne sich seines Zusammenhangs mit dem Menschheitsganzen bewusst wird. Als Beispiel für diese Art von Krankengeschichten sei die erste aus dem Lukas-Evangelium angeführt: «*Und er kam hinab nach Kapernaum, in die galiläische Stadt. Und auch dort lehrte er am Sabbat. Und die Menschen gerieten in Ekstase durch seine Lehre, denn sein Wort wirkte mit Geistgewalt. In der Synagoge war auch ein Mensch, der von einem unreinen Dämon besessen war. Dieser schrie mit lauter Stimme: Was ist es, das uns an dich bindet, Jesus von Nazareth? Bist du gekommen, uns zu vernichten? Ich weiß, wer du bist: Du bist der Heilige Gottes! Jesus erhob seinen Arm gegen ihn und sprach: Schweig und verlasse ihn! Da warf der Dämon den Menschen mitten im Raum zu Boden und fuhr von ihm aus, ohne ihm zu schaden. Alle waren voller Staunen und sprachen zueinander: Welche Gewalt des Wortes! Als wäre alle Schöpfermacht und Weltenkraft in ihm, so gebieterisch spricht er zu den unreinen Geistern, und sie müssen ihm weichen. Und die Kunde von ihm verbreitete sich durch das ganze umliegende Land.*»[37] Im Vergleich mit den beiden anderen hier angeführten Krankengeschichten fällt auf, wie wenig wir über den betroffenen kranken Menschen in der Synagoge von Kapernaum erfahren. Es findet keinerlei persönliches Gespräch mit ihm statt. Christus spricht vielmehr nur mit dem Geist seiner Krankheit, dem Dämon, und gebietet ihm, den Kranken zu verlassen. Auch die im Umkreis Stehenden werden keines Wortes gewürdigt. Sie sprechen untereinander und wundern sich, wie diese Heilung möglich war.

Es wird hier auf eine rein geistige Ebene des Krankheitsverständnisses hingewiesen. Die Sinnfrage bei diesem Typus von Krankengeschichten weist darauf hin, dass die Menschheit die Auseinandersetzung mit dem Bösen und der Krankheit für ihre Entwicklung braucht. Davon künden alle Schöpfungsmythen, alle archetypischen Erzählungen von Licht und Finsternis – aber auch unsere tägliche Lebenserfahrung als Menschen im zwanzigsten Jahrhundert. Wo vergeht ein Tag, an dem wir nicht dem Bösen oder zumindest dem Hemmenden *in uns* oder *um uns* begegnen, an dem uns das Böse nicht durch Zeitung und Fernsehen vor Augen geführt wird? Die Frage nach dem Sinn des Bösen gehört zu den wichtigsten, aber auch unerträglichsten, die das Leben stellt. Wie sehr wünschte man sich die Möglichkeit menschlicher Entwicklung ohne die Auseinandersetzung mit diesem Alptraum des Menschlichen, dem schlechthin Bösen und Widernatürlichen, so wie es gerade in unserem Jahrhundert durch Kriege und Völkermord und Brutalität im häuslichen Milieu tausendfältig in Erscheinung tritt! Und dennoch lehrt schon der schlichteste Blick in die tägliche Lebenserfahrung, dass ohne die individuelle Auseinandersetzung mit dem Irrtum und dem Bösen eines innerhalb der menschlichen Entwicklung wegfallen müsste: die Freiheit. Freiheit als zentrale Kraft menschlicher Würde ist mit Notwendigkeit gebunden an die Möglichkeit zu irren. Damit muss auch in der Konstitution einer Welt, in der Freiheit zur Entwicklung kommen soll, das Böse, das Entgegengesetzte sein Wesen haben dürfen.

Für diesen dritten, am schwersten verständlichen Krankheitstyp steht auch die Geschichte von Hiob.[38] Sie hat ein Vorspiel «im Himmel». Dort spricht Gott der Herr mit dem Teufel und lobt seinen Knecht Hiob, an dem kein Fehl und Tadel ist. Der Teufel hört sich das an und öffnet sodann Gott dem Herrn die Augen, indem er darauf hinweist, dass es für Hiob ja nicht schwer sei, ein gottgefälliges Leben zu führen, da es ihm ja so gut gehe. Er habe alles, was ein Mann zum

Leben brauche: eine liebe Frau, Kinder, Reichtum, Freunde und – Gesundheit. «Aber», so setzt der Teufel hinzu, «recke deine Hand aus und taste an alles, was er hat: was gilt's, er wird dir ins Angesicht absagen.» Gott der Herr lässt sich auf diese Wette ein und gibt dem Teufel die Macht, Hiob mit allen nur erdenklichen Plagen zu schaden – mit einer Ausnahme: er darf ihn nicht töten. Und so kommt dann Hiob völlig «schuldlos» in Elend und Not, sodass schließlich alle an ihm zweifeln und ihn verdächtigen, insgeheim eine schwere Sünde auf sich geladen zu haben – da Gott ja keine Unschuldigen strafe. Der weitere Verlauf der Dinge widerlegt aber diese irrige Ansicht. Hiob, der sich keiner Schuld bewusst ist, und der Schicksalsumkreis, der in Hiobs Krankheit und Not ebenfalls keinen Sinn erkennen kann, werden vorbereitet, noch etwas viel Tieferliegendes zu verstehen: dass man auch dadurch schuldig werden kann, dass man meint, Irrtum und Böses seien nur bei anderen Menschen zu finden, wohingegen man selber schon untadelig und rein sei. Selbst wenn dies für einen einzelnen Menschen, in diesem Fall für Hiob, zutrifft, so muss sich der Einzelne doch fragen: Wo habe ich denn mein untadeliges Wesen erwerben können? Wie konnte ich denn lernen, ein guter Mensch zu werden? Da liegt es sehr nahe, einzusehen, dass man dies den Menschen verdankt, mit denen man gelebt hat – aber auch der Tatsache, dass die Menschheitsentwicklung als Ganze existiert. Denn da, wo man selber im eigenen Schicksalsumkreis mit einem bestimmten Problem nicht konfrontiert wurde, an dem man hätte lernen können, wird einem aus der Menschheitsgeschichte, aus den Erfahrungen anderer, berichtet. So kann auch vieles dadurch gewonnen werden, dass man Erfahrungen anderer Menschen und große geschichtliche Tatsachen verstehen und verarbeiten lernt. Wir verdanken unser So-Sein nicht nur dem persönlichen Schicksalsfeld, sondern auch dem großen Entwicklungsprozess der Menschheit selbst. Und als diese Einsicht Hiob dämmert, wird er erwürdigt, Gott zu schauen. Er hat den Sinn der Menschheit erfahren und die Gottesnähe in der Menschheit erlebt.

Damit erfährt auch der Begriff «Schuld» eine Erweiterung. Es gibt die individuelle Schuld, über die sich der einzelne Mensch am besten selber aufklärt, indem er sie sich eingesteht. Dann gibt es die Verschuldung an anderen Menschen, von der man oft nicht weiß. Man lebt in der Illusion, recht gehandelt zu haben, und ahnt nicht, zu welchen Schmerzen oder gar Zusammenbrüchen das eigene Handeln unter Umständen andere Menschen geführt hat. Diese unbewusst bleibenden Schädigungen anderer Menschen bedürfen in irgendeiner Form des Ausgleichs in einem späteren Erdenleben. Es gibt aber auch die Schuld, die auf der menschheitlichen Ebene liegt und etwas ist, was uns mit Gott selbst verbindet. Indem von Anbeginn der Schöpfung an das Böse als Bestandteil unserer Entwicklung zugelassen wurde, trägt auch Gott für diesen Ratschluss, diesen Urentscheid «Schuld». Daher begegnen wir im Alten und Neuen Testament der unmittelbaren Zwiesprache zwischen Gott und Teufel, zwischen Christus und dem Geist der Krankheit.

Damit wird aber auch deutlich, was diese dritte Art, krank zu werden, für den einzelnen Menschen und für die den Vorgang Miterlebenden bedeuten kann. Indem diese Art des Krankseins wirklich die letzten Fragen aufwirft, rührt sie an den Kern unserer Persönlichkeit, an das in uns wirksame geistige Wesen, das wir mit dem Wort «Ich» benennen. Dieses Ich ist, wie schon mehrfach angedeutet, in dreifacher Weise mit dem Schicksalsgeschehen verbunden. Zum einen ist es Ursache unseres persönlichen Schicksals und damit Quelle unserer persönlichen Entwicklung. Denn Schicksal und Entwicklung gestalten sich gemäß den Taten dieses Ich während der Erdenleben. Das Ich ist aber auch Teil des gemeinsamen Schicksalsgeschehens. Blickt man auf sein Leben zurück, so wird man bemerken, dass man alles, was man bis heute gelernt hat, ausschließlich den Menschen verdankt, mit denen man zusammen war. Man ist in seinem Werden also auch Ergebnis all der Menschenbegegnungen, die man hatte. Und es treten immer wieder neue Menschen in den Lebensumkreis, die dabei helfen, die noch bestehenden Defizite bewusst zu machen und wenigstens teilweise auszugleichen. So gesehen ist man den Menschen verschuldet, durch die man sich all die Fähigkeiten erwerben konnte, die man bis jetzt sein eigen nennt. In einer dritten Dimension jedoch ist der Mensch mit seinem Schicksal Teil des ganzen Zeitschicksals, Teil der großen Menschheitsentwicklung und schuldet ihr ebenfalls Dank. Erst unter diesem Aspekt wird der Krankheitsbegriff ein christlicher. Denn hier lautet die Frage nicht: Was gewinne ich oder mein Schicksalsumkreis durch die Krankheit? sondern: *Was kann ich für die Menschheit dadurch tun, dass ich durch meine Krankheit Anteil nehme an ihrem Leiden und an dessen Überwindung?* Für diese Anteilnahme am Menschheitsschicksal steht Christus mit seinem Leiden, das er in Stellvertretung völlig «unschuldig» auf sich nimmt. Besonders unter Krebs- und AIDS-Kranken kann man gerade diese dritte Kategorie des Krankseins häufig antreffen. Es sind

Menschen, die deutlich empfinden, dass sie nicht – zumindest nicht nur – um ihrer selbst willen leiden; vielmehr sind sich diese Menschen bewusst, dass sie etwas ausgleichen im Menschheitsganzen dadurch, dass sie Leid wie stellvertretend auf sich nehmen. Und so tragen sie auf ihrem Leidensweg ihre Menschlichkeit durch alles hindurch. Sie tragen als «Unschuldige» das mit, was die Menschheit an Schuld auf sich laden musste dadurch, dass das Böse mit all seinen Verführungen und Herausforderungen in der Menschheitsgeschichte wirksam ist.

Wer nun selber persönlich von einer Krankheit oder Behinderung betroffen ist oder solche im nächsten Umkreis erlebt und um Hilfe gebeten wird, kann einmal versuchen, diese drei bisher skizzierten Fragen zu stellen. Sie seien noch einmal zusammengefasst: Was könnte der Gewinn, das zu Lernende für den Direktbetroffenen sein? Was können die Menschen in seinem Umkreis durch das Erleben dieses Krankheitsschicksals gewinnen? Was deutet schließlich darauf hin, dass der Betroffene der Menschheit als Ganzer angehört und sich durch sein Leid der Menschheit und dem, was sie in der gegenwärtigen Entwicklungsetappe zu ihrem Heil braucht, verbunden weiß? – Wenn Fragen dieser Art ganz offen und ehrlich gestellt werden, führen sie zu Antworten, die hilfreich sind und weiterführen. Diese Antworten können in Form guter Einfälle kommen, sie können durch eine Beobachtung geschehen, die man mit einem Male macht, sie können aber auch dadurch kommen, dass man Worte, die man schon oft gelesen oder gehört hat, neu versteht. Ob man mit der Antwort richtig liegt, kann man daran messen, wie weit diese Antwort zur Heilung beiträgt und den Seelenfrieden fördert.

Ich habe immer wieder die Erfahrung gemacht, dass Kranke tief im Innern genau wissen, dass diese Krankheit oder Behinderung etwas mit ihnen selbst und ihrem Schicksal zu tun hat. Diese tiefgründige, zumeist unbewusste Gewissheit kann sich durch Fragen solcher Art und die sich dann einstellenden Antworten ins volle Bewusstsein heben und dem Kranken, aber auch den Menschen um ihn herum wirklichen Trost spenden.

Die Frage: Warum ich? kann letztlich nur von jedem Menschen selbst beantwortet werden. Denn im Ich liegen Ursache und Folge des Schicksals begründet. Hier schließen sich Vergangenheit, Gegenwart und Zukunft zusammen. Woher weiß ich, ob nicht gerade das, was ich heute völlig unerwartet und scheinbar grundlos erleiden muss, notwendig ist, damit ich in einem späteren Leben in einer Situation, wo alles darauf ankommt, bestehen kann? *Krankheit und Behinderung sind ja nicht nur Ausgleich für in früheren Leben Versäumtes oder in seiner Bedeutung nicht Erkanntes. Sie können auch ihren Sinn einzig und allein im Hinblick auf eine nähere oder fernere Zukunft haben. Zu den bewegendsten Forschungsergebnissen Rudolf Steiners auf diesem Feld gehört die Aussage, dass es kaum einen großen Wohltäter der Menschheit gibt, der nicht in einem seiner früheren Erdenleben eine Inkarnation als körperlich und/oder seelisch Behinderter durchgemacht hat.* Lernt man bezüglich dieser ganzen Thematik zukunftsorientiert zu denken und zu empfinden, so kann man auch den kleinen Schwächen und Behinderungen des Alltags mit Humor gegenübertreten. Dieser Humor findet darin seine Nahrung, dass man weiß: Jede Schwäche ist – wenn sie einmal überwunden sein wird – eine Stärke. Jedes heute noch ungelöste Problem wird einmal, wenn es gelöst ist, zur Fähigkeit geworden sein, erlösende, helfende Worte zu sprechen. Wer sich in diesem Sinne Bilder davon macht, wie ein anderer Mensch in Zukunft sein wird, kann im Vertrauen darauf ganz andere Kräfte freisetzen, um die Gegenwartsprobleme zu bewältigen. Anstatt so manches persönlich zu nehmen und sich über die Maßen daran zu ärgern, gelingt es, die Dinge objektiver anzuschauen, und fällt es leichter, mit bestehenden Hindernissen und Schwierigkeiten zurechtzukommen.

So erfährt auch die Frage nach der «Schuld» eine wohltuende Metamorphose. Denn es geht nicht mehr darum, wer letztlich hier etwas verschuldet hat, sondern es geht einzig und allein darum, worauf einen diese sogenannte Schuld hinweisen und aufmerksam machen will – was man an ihr und durch sie lernen kann und welche positiven Entwicklungsmöglichkeiten gerade sie eröffnet. Eine solche Auffassung von Schuld hilft auch, auf die vielfältigen Verschuldungen gegenüber Mensch und Natur, die das moderne Leben mit sich bringt, gelassener hinzublicken. Auch was sich an sogenannter Kollektivschuld in Deutschland und anderen Ländern angehäuft hat, wirft ja für den Einzelnen existenzielle Fragen auf. Da ist es hilfreich, sich zu fragen: Was will diese Verschuldung – woher auch immer sie kommt – uns, mich heute lehren? Wie kann ich Schuld in tätige Mitverantwortung auflösen?

11. Behinderungen und Begabungen in einer verunsicherten Gesellschaft

Wie bereits dargestellt (vgl. Seite 35 und 39), ist schon durch die menschliche Konstitution selbst eine grundlegende Verunsicherung gegeben. Denn die genetischen Voraussetzungen lassen es nicht zu, dass wir Menschen uns aufgrund unserer körperlichen Veranlagung «automatisch» und damit «sicher», intelligent und menschenwürdig entwickeln und dementsprechend benehmen. Im Laufe der körperlichen Entwicklung reifen die seelischen und geistigen Fähigkeiten nicht wie selbstverständlich mit; es braucht zur Reifung aktive Mitarbeit des Kindes und Jugendlichen in Form ständiger Lernprozesse. Der Mensch besitzt gegenüber dem Tier keine einzige Fähigkeit, die er nur aufgrund seiner körperlichen Veranlagung hätte. Selbst das Gehen muss er aktiv lernen – auch wenn es genetisch veranlagt ist; ebenso das Sprechen und das Denken. Auch Essen und Schlafen in der richtigen Menge und zum richtigen Zeitpunkt müssen gelernt werden – keine biologische Uhr verhindert das Zuviel oder das Zuwenig.

Zu dieser konstitutionellen Verunsicherung kommt in unserer gegenwärtigen Zeit noch die Verunsicherung durch die Erschütterungen der sozialen und wirtschaftlichen Sicherheit, die zunehmenden Umweltschäden, Kriegs- und Hungerkatastrophen, ganz zu schweigen von den sozialen Problemen in den Großstädten und der massiven Verarmung ganzer

Bevölkerungsschichten in den großen Industrienationen. All diese Fragen und Probleme können von vielen Menschen nicht mehr verarbeitet und eingeordnet werden und führen zu tiefer Lebensangst, zu Verzweiflungszuständen und nicht zuletzt auch zu Drogensucht und Selbstmordabsichten. Damit verbunden sind existenzielle Krisen, in denen das in den Religionsgemeinschaften gepflegte Vertrauen in eine geistig-göttliche Macht oft nicht mehr trägt, weil Dinge geschehen, die mit der traditionellen Gottesvorstellung kaum mehr in Übereinstimmung zu bringen sind.

Daneben gibt es aber auch noch eine ganz andere Art der Verunsicherung: die Entscheidungsunsicherheit infolge eines Überangebotes an Möglichkeiten. Noch nie war die Menschheit so reich, so vielseitig ausgerüstet, ihre Freizeit nach Belieben zu gestalten. Noch nie gab es so vieles, was man Kindern schenken, kaufen und zugute kommen lassen kann oder möchte. Die in dieser Situation aufwachsenden Kinder erleben unbewusst die Ängste und Sorgen mit, nehmen starken Anteil an der Verunsicherung und genießen zugleich die Fülle der Spielsachen und materiellen Werte. Und so führt das Übermaß der Eindrücke einerseits und die gesellschaftliche Verunsicherung andererseits heute bei nahezu allen Kindern dazu, dass ihr Ich-Bewusstsein zu früh erwacht. Schon im Kindergarten begegnen uns Kinder, die in ihrem Selbsterleben ungeschützt, wie nackt, und empfindlich sind und in einer Weise persönlich betroffen reagieren, wie man es in den sechziger Jahren erst vom neunten, zehnten Lebensjahr an beobachten konnte. Das hat zur Folge, dass in der Schule heute viel persönlicher und individueller auf die Kinder eingegangen werden muss.

Die mit dem frühwachen Ich-Bewusstsein verbundene erhöhte Verletzlichkeit führt nun immer häufiger zu Lernblockaden: Ein Kind, das innerlich verletzt worden ist, wird sich einem Erwachsenen gegenüber nicht mehr so leicht öffnen; es macht «dicht», sodass hinter mancher Lernbehinderung ein Gehindert-Sein am Lernen durch Eltern oder Erzieher steht. Was große Pädagogen zu allen Zeiten als Wichtigstes dargestellt haben – dass wirkliche Liebe zum Kind der beste Erzieher ist –, das gehört heute zum essentiellen Rüstzeug eines jeden, der Kindern wirklich helfen will.[39] Wenn es nicht gelingt, jedes Kind so mit Sympathie zu umgeben, dass es sich verstanden und angenommen fühlt in seinem So-Sein, dann kann es sich nicht wirklich aufschließen; es wird sich den oft nicht leichten Aufgaben, die zu lernen sind, verweigern und so aus sozialer Ursache heraus lernbehindert. Hinzu kommt, dass der Lehrer oft nicht genug vom Kind, zum Beispiel von seinem familiären Hintergrund, weiß. Gerade wenn ein Kind schwierig ist, treten besondere Probleme auf. Auf der einen Seite belastet es die Eltern, wenn sie laufend vom Lehrer angesprochen werden; sie befürchten, dass nun noch mehr Forderungen an sie gestellt werden. Auf der anderen Seite scheut sich unter Umständen der Lehrer zuzugeben, dass er mit der schwierigen pädagogischen Situation nicht zurecht kommt. Oft treten dann Spannungen genau in dem Moment auf, in dem es eigentlich wichtig wäre, sich vertrauensvoll auszutauschen, damit man das Kind besser kennen lernt und stützen kann.

So begegnen wir in der Schule heute einerseits einem großen Begabungs- und Behinderungsgefälle und andererseits empfindsam reagierenden Persönlichkeiten, die erst bereit sind, in Prozesse einzusteigen, wenn sie sich akzeptiert fühlen. Doch gilt letzteres nicht nur für die Kinder selbst, sondern auch für Eltern und Lehrer. Denn auch die Erwachsenen sind in ihrem Ich empfindlicher als früher. Eltern und Lehrer müssen ebenfalls lernen, sich gegenseitig mit einer gewissen Sympathie zu umgeben, damit auch sie die Lernprozesse, die durch die gemeinsame Verantwortung für die Entwicklung der Schüler notwendig werden, miteinander vollziehen können. Denn wenn die Zusammenarbeit zwischen den Erwachsenen nicht klappt, leidet auch der Kontakt mit den Kindern. Oft spiegeln dann die Kinder das an Schwierigkeiten wider, woran auch die Erwachsenen kranken. Die Frage ist nur, wie man zu einer vertrauensvollen Beziehung im Eltern-Lehrer-Schüler-Dreieck kommen kann. Spricht man mit den Schülern, so sind sie oft erstaunlich uninteressiert und auch frustriert bezüglich des Schulalltags. Spricht man mit den Lehrern, so erfährt man, wie es immer schwieriger wird, mit Eltern und Schülern in ein konstruktives Verhältnis zu kommen und den Schulalltag einigermaßen zu bewältigen. Und spricht man mit den Eltern, so stößt man öfter auf Enttäuschung an der Schule, Kritik an den Lehrern oder einfach auf Überforderung und Ratlosigkeit. Also lässt die Begabung nach, Schule sinnvoll zu gestalten und dem Erziehungsauftrag nachzukommen? Behinderungen tun sich auf, wohin man schaut, und wo es gut geht, wird gerne dazu gesagt: «noch» – wer weiß, wie lange es «noch» gut geht …

12. Der Persönlichkeitskern in Begabung und Behinderung

Im Kapitel «Das Ich und sein Schicksal» (vgl. Seite 16 ff.) wurde bereits versucht, den Persönlichkeitskern, das menschliche Ich, zu charakterisieren. Dann war im weiteren Verlauf der Darstellung von den Wesensgliedern des Menschen die Rede, insbesondere von der Ich-Organisation, durch die sich der Mensch vom Tier unterscheidet. Diese Ich-Organisation ist, wie schon gesagt, keineswegs identisch mit dem Ich, dem Persönlichkeitskern. Die vier Wesensglieder werden in jedem Erdenleben für die jeweils zu bewältigenden Aufgaben (vgl. Seite 47 ff.) neu konzipiert. Es wirken in ihnen jedoch gemäß den Schicksalsgesetzmäßigkeiten die Taten und Ereignisse früherer Erdenleben fort. Sie sind dann immer für ein Erdenleben die Instrumente des Ich, seine Werkzeuge, Ausdrucksmöglichkeiten, Arbeitsbereiche – sie sind jedoch nicht das Wesen selbst. Nirgendwo kann man das so gut beobachten wie bei schwerst-mehrfachbehinderten Menschen oder bei Menschen, die im Sterben liegen, ja beim Sterbevorgang selbst. Denn bei diesen Erscheinungsformen menschlicher Existenz zeigt sich das Wesensgliedergefüge immer mehr nur noch als reine Hülle, die dem Ich nicht mehr zur Arbeit beziehungsweise als Lebensinstrument dienen kann. Je weniger sich das Ich durch seine Wesensglieder ausdrücken und aussprechen kann, umso deutlicher ist es von diesen Wesensgliedern zu unterscheiden. Menschen, die oft Sterbende begleiten oder Schwerst-Mehrfachbehinderte pflegen, entwickeln eine große Sensibilität für dieses eigentliche Wesen, das sich durch die Hülle der Wesensglieder nur unter äußersten Mühen und oft auch nur wenig kundgeben kann. Sie erleben die Anwesenheit des betreffenden Menschen dann als Kraft, als Wärme, als starkes Gefühl einer bestimmten Geistesgegenwart – eben als An-*Wesenheit* des anderen. Dieses Anwesenheitserlebnis ist im Umkreis des betroffenen Menschen erfahrbar; oder aber es leuchtet im Innern des Betreuenden, in der Herzregion auf. Damit wird deutlich, dass der Frage nach dem menschlichen Wesen nicht weiter nachgegangen werden kann, ohne sich einen Begriff von der körperlosen geistigen Welt zu bilden. Wer ein Nahtodeserlebnis hatte, sei es unter einer Reanimation, im schweren Schock oder durch Drogenerfahrung, der hat seine körperlose Existenz erlebt – er hat sich selbst als ein helles, leichtes und doch kraftvolles Gedankenwesen erfahren, das durch Gegenstände hindurchgehen kann und nicht mehr an den Raum gebunden ist. Wer solches jedoch selbst noch nicht erlebt hat, ist auf sein Denken angewiesen. Und da zeigt schon die elementare Selbstbeobachtung, dass sich der Mensch im Denken als freies, leibunabhängiges, körperloses Wesen erfahren kann (vgl. Seite 52). Es ist für jeden Menschen möglich, den physischen Leib zu verlassen, im Ätherleib sich als Gedankenwesen zu erfassen und auch Astralleib und Ich in ihrer rein geistigen Natur als leibfreies Empfinden und Wollen zu erfahren.

Nach dem Tode erlebt sich der Mensch zunächst noch für eine Zeit in diesen übersinnlichen Hüllen, die aus Gedanken, Gefühlen und Willensimpulsen bestehen. Im Laufe des nachtodlichen Lebens werden diese dann auch abgelegt und im Bereich der Engelhierarchien verarbeitet. Das Menschenwesen nimmt sich aus seinen Wesensgliedern nur dasjenige mit, womit es sich während des Erdenlebens ganz identifizieren konnte und was dadurch sein Eigentum geworden ist. Solche Möglichkeiten der Identifikation bietet das Gedanken-, Gefühls- und Willensleben der Wesensglieder in reichem Maß. Damit ein Gedanke, ein Gefühl oder eine Willensintention zum unwiderruflichen Wesensbestand des Ich werden können, muss sie der Mensch zuvor sich vollbewusst zu eigen gemacht haben. Diese Identifikationskraft des Ich gehört zum Geheimnisvollsten der menschlichen Ich-Natur (vgl. Seite 18 ff.). So ausgestattet mit dem «Wesentlichsten», betritt dann das Menschenwesen im weiteren Leben nach dem Tode die Geistwelt und erlebt dort die schon seit ältesten Mysterientraditionen beschriebene Mitternachtsstunde des Daseins, bevor die neue Verkörperung vorbereitet wird.[40]

Wenn wir den Menschen in dieser Weise betrachten, müssen wir differenzieren zwischen seinem ewigen Wesenskern und der jeweils während eines Erdenlebens in Erscheinung tretenden Person. Personare heißt ja dem Wortsinn nach «durchtönen». Die Person zeigt jeweils an, wie das ewige Menschen-Ich durch seine in jedem Erdenleben einmalige, spezifische Wesensgliederkonfiguration «hindurchtönen» und sich entsprechend darleben kann.

Unserem Alltagsblick erscheint ein Mensch umso begabter, je vollkommener er sich durch seinen Körper beziehungsweise seine vier Wesensglieder darstellen kann, und als umso unbegabter, je weniger ihm dies gelingt. *Damit ist aber auch deutlich gesagt, dass das Menschen-Ich, als Kern der Persönlich-*

keit, weder behindert noch begabt, weder krank noch gesund ist. Es leuchtet vielmehr deutlicher oder schwächer durch die physischen und seelischen Behinderungen und Begabungen der Wesensgliederkonfiguration hindurch. Es arbeitet an diesem Körper, rüttelt an den Behinderungen und wird sich dadurch seiner selbst immer mehr bewusst. Dieser Persönlichkeitskern, das Ich, ist seinem Wesen nach das Allgemein-Menschliche in jedem Menschen und damit auch Träger all der menschlichen Eigenschaften, die sich jeder einzelne auf ganz individuelle Weise bewusst machen und erarbeiten muss. Es geschieht dies im Verlauf der Inkarnationen durch eine Fülle von Lernprozessen. Wir alle tragen unser Menschentum als Ursprung und Ziel in uns – bedürfen jedoch der schmerzhaften Entwicklungs- und Erfahrungsprozesse, um uns dieser unserer Menschlichkeit wirklich bewusst zu werden und um das Mensch-Sein selbstbewusst leben zu können.

Alice Miller hat in ihrem Buch *Das Drama des begabten Kindes – und die Suche nach dem wahren Selbst*[41] die Persönlichkeit des Kindes als das ursprüngliche, spontane Sich-Äußern und Agieren geschildert. Die Botschaft ihres Buches ist, in wie starkem Maß Selbstachtung und Selbstfindung im späteren Leben davon abhängen, ob ein Kind sich in der frühen Kindheit unmittelbar und spontan hat äußern dürfen, ob es ihm gestattet war, seine Gefühle und Emotionen offen darzuleben, kurz: ob der reiche Schatz seiner Begabungen, seines So-Seins von den Eltern und Erziehern freudig begrüßt oder aber als wild, ungezügelt, frech, störend, rücksichtslos zurückgewiesen worden ist; ob die Angst, die Eltern könnten sich abwenden und ihre Liebe entziehen, wenn man bestimmte Verhaltensweisen nicht ablegt, dieser Spontaneität ein Ende bereitet hat; ob dieser Reichtum in gutgemeinten Ermahnungen, Repressionen und Konventionen erstickt oder durch Vernachlässigung, Härte, Demütigung und Missbrauch gelähmt worden ist. Alice Miller zeigt auf, in welchem Ausmaß Depressionen im späteren Leben oder aber das Bemühen, sich immer besonders erfolgreich, stark und fähig zu erweisen, oft lebenslange Versuche sind, die Zurückweisungen und Verletzungen in der frühen Kindheit zu kompensieren. Ihre Ausführungen zeigen, wie es für den Erzieher wesentlich ist, ein starkes Vertrauen in den Persönlichkeitskern des Kindes zu entwickeln, gerade wenn sich dieser auf überraschende, ungewohnte, vielleicht auch aggressive und noch ganz und gar unbeholfene Art durch die verschiedenen Wesensglieder hindurch äußert. Gelingt es dem Erzieher nicht, einen zuverlässigen liebevollen Kontakt zum Wesen des Kindes aufzubauen, können tatsächlich viele Anlagen und Möglichkeiten verschüttet werden. Insbesondere kann die Selbstachtung Schaden leiden und die Entwicklung eines gesunden Selbstbewusstseins behindert werden. Folge ist, dass der betreffende Mensch nur im Spiegel der Anerkennung anderer, nur als Folge erbrachter Leistung sich selber achten kann und sich sofort die Existenzberechtigung abspricht, wenn die Leistungsfähigkeit nachlässt oder die ersehnte Anerkennung ausbleibt. Auf diese Zusammenhänge soll im Abschnitt über Fördermöglichkeiten durch Erziehung (siehe Seite 107 ff.) noch weiter eingegangen werden.

13. Behinderungen und Begabungen in der sozialen Wirklichkeit

Barbara Beuys hat in ihrem Buch *Eltern behinderter Kinder lernen neu leben* dargestellt, wie Eltern den Schock, ein behindertes Kind zu bekommen, verarbeiten und wieder neu leben lernen. Sie schreibt: «In diesem Buch erzählen Eltern, wie sie mit dem Schock der Behinderung fertigwerden. Wie sie lernen, ihr Kind zu lieben und so zu akzeptieren, wie es ist. Wie sie als ‹behinderte Familie› wieder Spaß am Leben finden. Es sind die ersten Jahre, in denen dieser Lernprozess abläuft und sich entscheidet, ob und wie die Familie aus der Krise herausfindet. Doch die Konfrontation mit einer Welt, in der Behinderte längst nicht ihren selbstverständlichen Platz haben, hört nie auf. Die Zukunft, an die doch alle Eltern im Zusammenhang mit ihren Kindern denken, sieht für diese Familie nicht rosig aus. Heute (1984) sind rund 120.000 Schwerbehinderte arbeitslos. Die deutschen Bundesländer zahlen im Jahr knapp 25 Millionen Mark an Bußgeldern, um die per Gesetz vorgeschriebene Quote von Schwerbehinderten in ihren Behörden nicht einstellen zu müssen. Nach Informationen der Bundesregierung vom April 1984 fehlen rund 10.000 Wohnplätze für erwachsene Behinderte. Zugleich ist die Finanzierung der ersten ambulanten Dienste, die einzelne Behinderte und ‹behinderte Familien› unabhängig machen sollen, völlig ungesichert. […] Die Elternarbeit, ohne die jede Frühförderung behinderter Kinder sinnlos bleibt, ist vielerorts gefährdet. Die Krankenkassen zahlen nur für medizinische Leistungen, sodass sich für die wichtigen gemeinsamen Gespräche zwischen Eltern, Krankengymnastin, Heilpädagogen und Psychologen kein Geldgeber findet. In den kirchlichen Gemeinden gibt es viel Engagement. Die Institutionen sparen nicht an Deklaration, aber sie machen große Schwierigkeiten, wenn behinderte Studenten nach Abschluss des Examens in den kirchlichen Dienst eintreten wollen. Ein Pfarrer im Rollstuhl am Altar? Nein, das ist noch lange nicht denkbar. […] Die Liste kann fortgesetzt werden.»[42] Und wie sieht es 1997 aus …?

Wer mit körperlich oder geistig Behinderten befreundet ist oder beruflich mit ihnen und ihren Eltern und Erziehern zu tun hat, steht oft fassungslos vor den Sozialerfahrungen, durch die ein Behinderter immer wieder hindurch muss. Unverständnis, Angst, ja Ekel und Hass treten in einer Weise zutage, die man schlichtweg nicht für möglich hält. Gegenwärtig kommt noch der oft ärgerliche Blick auf die finanzielle Situation in den Gemeinden und im Versicherungswesen hinzu oder der fragende oder vorwurfsvolle Blick sonst freundlicher Nachbarn, warum denn hier nicht vorgeburtliche Diagnostik und/oder «therapeutischer» Schwangerschaftsabbruch vorgenommen worden sind. Daneben erlebt man dann wiederum weltweit das großartige Engagement von Behindertenverbänden und heilpädagogischen und sozialtherapeutischen Einrichtungen, wo in vorbildlicher Weise soziale Formen geschaffen werden, in denen der behinderte Mensch unter Wahrung seiner Menschenwürde leben und arbeiten kann.

Blicken wir hingegen auf besonders begabte Kinder und deren Eltern und Erzieher, so scheint auf den ersten Blick alles ganz anders zu sein: Stolz über die ausgezeichneten mathematischen, musikalischen oder technischen Fähigkeiten, Hochachtung gegenüber besonderen intellektuellen Leistungen, einer guten sprachlichen Ausdrucksweise oder einem liebenswerten, immer hilfsbereiten sozialen Einsatzvermögen. Ist man jedoch Zeuge aus der Nähe, so erweisen sich auch diese Biographien von einer Vielzahl an Problemen gezeichnet. Herausragende Begabungen rufen sehr oft den Neid der Umstehenden hervor. Die Betreffenden sind sich nicht sicher, ob man sie um ihrer herausragenden Eigenschaften willen gern hat oder ob Achtung, Freundlichkeit und Freundschaftsbezeigungen wirklich dem Menschen gelten. Vereinsamung, aber auch die Konfrontation mit Neid und Hass führen insbesondere dann zu Krisen, wenn die Begabung ihren Zenit überschritten und «sich ausgelebt» hat und dann nichts Neues nachkommt. Wenn die Begabungen einseitig sind, werden zudem die betreffenden Menschen häufig überschätzt, da man sich nicht vorstellen kann, dass beispielsweise eine ausgezeichnete Intelligenz Hand in Hand gehen kann mit einer erstaunlichen Infantilität im emotionalen Bereich und mit sozialer Unreife. Oder aber man lässt sich durch die große, kräftige Statur und das gute Aussehen mancher Kinder täuschen und setzt sie einer ständigen Überforderung aus, indem man sie für älter, reifer und problembewusster hält, als sie es sind. Auch können einseitige Begabungen dazu führen, dass während der Erziehung wichtige andere Fähigkeiten vernachlässigt werden. Der Mensch ist jedoch auf Vielseitigkeit hin veranlagt. So wie im Organismus die Funktionen der verschiedenen Organsysteme gut aufeinander abgestimmt zusammenarbeiten müssen, wenn er gesund bleiben soll, so ist auch die Grundlage für eine gesunde Seelen- und Geistestätigkeit, dass Erkenntnis-, Gefühls- und Willensleben harmonisch zusammenwirken. Daher ist es für den erzieherischen Umgang mit Behinderten und Begabten insbesondere erforderlich, das Ganze der Persönlichkeitsentwicklung im Auge zu haben und der einzelnen Behinderung oder Begabung nicht zuviel und schon gar nicht ausschließlich seine Aufmerksamkeit zuzuwenden. Vor allem aber gilt es, die spontane Sympathie mit der Begabung als einer wünschenswerten und brauchbaren Eigenschaft und die spontane Antipathie gegenüber einer Behinderung als etwas, was man am liebsten hinwegwünschen würde, ins Bewusstsein zu heben und am freien Ausleben zu hindern. Gelingt es nicht, das *Wesen* des zu erziehenden Kindes in den Mittelpunkt des Interesses zu stellen, so können wir nur wenig dazu beitragen, dass das behinderte beziehungsweise begabte Kind lernt, mit seinen Eigentümlichkeiten umzugehen.

Damit ist aber auch deutlich gemacht, dass ohne ein gewisses Maß an Schulung, Selbsterziehung und ständigem Üben kein pädagogisches Klima zu schaffen ist, in dem Kinder besonderer Begabung und Behinderung gedeihen können. Erziehung setzt Selbsterziehung voraus. Wer in sich selbst den Persönlichkeitskern, das Ich, nicht sucht, kann dieses auch beim zu erziehenden Kind nicht wahrnehmen und kann das Kind in seiner Persönlichkeitsentwicklung nicht fördern. Je mehr sich jedoch Eltern und Lehrer darin einig sind, dass sie auch als Erwachsene noch Lernende sind und Selbsterziehung brauchen, umso mehr werden sich auch Kinder in einer auf solcher Grundlage eingerichteten und geführten Schule aufschließen und sich auf Lernprozesse einlassen können.

14. Fördermöglichkeiten für Begabte und Behinderte

Es sei hier auf Fördermöglichkeiten in der Schule und zu Hause am Beispiel der Waldorfpädagogik hingewiesen, da diese insbesondere durch Lehrplan, Methodik und Didaktik auf die allseitige Ausbildung der menschlichen Fähigkeiten Wert legt.[43] Es kann jedoch dieses pädagogische Konzept sowohl in anderen Schulsystemen als auch im häuslichen Rahmen, je nach dem gegebenen Spielraum, gut eingefügt und verwirklicht werden. Die für die Begabungs- und Behinderungsfrage besonders wichtige Stärke des waldorfpädagogischen Ansatzes beruht darauf, dass bei allem, was mit dem Kind gelernt und geübt wird, die körperliche Entwicklung immer mit beachtet und gefördert wird – ganz gleich, um welches Unterrichtsfach es sich handelt.

Diese körperliche Entwicklung vollzieht sich phasenweise, indem zunächst mit dem neunten Lebensjahr die Grundausreifung des Nervensystems zum Abschluss kommt und die Sinnesorgane voll funktionsfähig werden. So braucht beispielsweise das Auge sechs bis acht Jahre, um die volle Reife all seiner Funktionen auszubilden. Im Alter zwischen neun und sechzehn Jahren steht dann ein anderes Organsystem im Vordergrund der Ausreifung: die rhythmischen Funktionen des Herz-Kreislauf- und Atmungssystems. Das Stoffwechselsystem hingegen, der Hormonhaushalt und die Ausreifung der

Gliedmaßen bis hin zur Endgröße brauchen am längsten. Dieser Prozess zieht sich bis zum zwanzigsten, zweiundzwanzigsten Lebensjahr hin. Entsprechend dieser phasenweisen körperlichen Entwicklung vollzieht sich auch das bereits erwähnte «Geborenwerden», das heißt Freiwerden der leibbildenden Kräfte der Wesensglieder für die seelische und geistige Tätigkeit (vgl. Seite 31 ff.). Wird nun bei jeder pädagogischen Maßnahme auf die Reifesituation des Körpers Rücksicht genommen, so ergibt sich daraus ein an Alters- und Entwicklungsphasen orientiertes pädagogisches Förderprogramm. Die Skizze auf Seite 109 möge dies verdeutlichen.

So wird in der Vorschulzeit und in den ersten Schuljahren der *Bewegungsförderung* die Priorität gegeben. Bewegung ist zwar ohnehin die altersentsprechende Begabung der Kinder, sie bedarf jedoch heute besonderer Beachtung, da die Räume, wo Kinder sich frei bewegen und betätigen können, immer enger werden. Je geschickter die Kinder sich bewegen lernen, umso differenzierter wird durch die verschiedenen Bewegungsmuster die Ausbildung beziehungsweise Vernetzung des Nervensystems gefördert. Ebenso wird großer Wert auf umfassendes Nachahmen und damit Stimulation der Sinnestätigkeit gelegt. Nichts fördert die Entwicklung der Sinnesfunktionen besser als die Schulung von Interesse und Aufmerksamkeit für die Vorgänge in der Umgebung und das Freiraum-Geben für deren möglichst spontane, unbefangene Wahrnehmung und Nachahmung. Kinder mit Sinnes- und Bewegungsstörungen bedürfen in diesem Alter ganz besonderer Zuwendung und zusätzlicher Fördermaßnahmen. Denn nur in den ersten sieben Lebensjahren arbeiten alle drei höheren Wesensglieder (Ätherleib, Astralleib, Ich-Organisation)

Evolution und Involution der körperlichen Reifung

Aufbauphase

Freiwerden

der Ich-Organisation im selbstbewussten Wollen

des Astralleibes im Fühlen

des Ätherleibes zum Denken

Kräftegleichgewicht
zwischen Aufbau und Abbau

Stoffwechsel / Bewegungssystem

gefördert durch Aktivierung eigenständiger Erkenntnisprozesse und schöpferische Gedankentätigkeit

Disposition zu chronischen Stoffwechselkrankheiten und Erkrankungen des rheumatischen Formenkreises

Rhythmisches System: Herz, Kreislauf, Atmung

gefördert durch Gefühlsstimulation, mit Hilfe der künstlerischen Fächer und guter Didaktik aller Unterrichtsinhalte

Disposition zu Erkrankungen am Herz-/Kreislauf- und Atmungssystem

Nervensystem, Sinnesorgane

gefördert durch Bewegungsübungen und Nachahmung durch aufmerksame Sinnestätigkeit

Disposition zu chronisch-degenerativen Erkrankungen des Nerven-Sinnessystems

Abbauphase

Nachlassen der Regenerationsfähigkeit durch weiteres Freiwerden der Wesensgliederkräfte zur seelisch-geistigen Tätigkeit («Altersweisheit»)

Aus dieser Zusammenstellung kann auch ersehen werden, dass ein forciertes Stimulieren des Freiwerdens von Denken, Fühlen und Wollen, zum Beispiel durch zu frühe intellektuelle Förderung, den Körper zu früh der ihn aufbauenden Kräfte beraubt, wodurch die Disposition zu chronischen Krankheiten im Alter gefördert wird.

ausschließlich am physischen Leib. Nachdem der physische Leib geboren ist, erfährt er in diesen ersten sieben beziehungsweise neun Lebensjahren eine differenzierte Ausbildung seiner Formen und Funktionen. Hat sich die Geburt des Ätherleibes vollzogen (vgl. Seite 32), dann steht er für die Denk- und Vorstellungstätigkeit zur Verfügung; er hat die wesentlichste Gestaltungsarbeit am physischen Leib vollendet. Das soll natürlich nicht heißen, dass nicht auch in den späteren Schuljahren noch vieles durch Sinnespflege und Bewegungsübungen erreicht werden kann – die primäre Prägung jedoch, wie sie sich im Vorschulalter vollzieht, kann dadurch nicht mehr nachgeholt oder ersetzt werden.

Das Ausreifen der rhythmischen Funktionen, das sich etwa bis zum 16. Lebensjahr hinzieht, bedarf differenzierter *Anregungen des Gefühlslebens.* Nicht nur dass das Gefühlsleben in diesem Alter in ähnlicher Weise in den Vordergrund tritt wie der Bewegungsdrang und die Bewegungsbereitschaft in der Vorschulzeit. Vielmehr zeigt eine genaue Beobachtung, in wie starkem Maß die Gefühle sich auf Regelmäßigkeit und Tiefe von Herzschlag und Atmung auswirken. Im Schreck, in der Freude, bei Langeweile, Angst oder Trauer – immer passen sich Atmung und Zirkulation der emotionalen Gestimmtheit an. Will man also fördernd auf die Ausbildung dieser rhythmischen Funktionen einwirken, so muss der Unterricht methodisch und didaktisch so aufgebaut werden, dass die Kinder und Jugendlichen starken gefühlsmäßigen Anteil daran nehmen können. Nicht nur im Geschichts- und Literaturunterricht, sondern auch in Naturkunde, Ökologie, fremden Sprachen sowie Mathematik und Physik muss so unterrichtet werden, dass die Schüler immer auch gefühlsmäßig und nie nur intelligenzmäßig angesprochen werden. Eine wichtige begleitende Unterstützung geben hierzu die künstlerischen Fächer. Denn nirgendwo wird das Gefühlsleben so differenziert angeregt wie beim künstlerischen Üben, ganz gleich, ob es sich um musikalische oder plastisch-bildnerische Fächer handelt. Bis zum Beispiel ein Kanon genau, rein und melodisch gesungen werden kann, muss viel geübt, wahrgenommen, aufeinander gehört werden; und es muss allein und gemeinsam gefühlt werden, ob es schon «schön» ist. Dasselbe gilt für das Erleben, ob ein Bild in Farbe und Form ausgewogen gelang.

Zu Musik und Malerei tritt ein breites Spektrum an rhythmischen Übungen, nicht nur im sogenannten rhythmischen Teil der ersten Schuljahre, sondern vor allem auch in der regelmäßig gepflegten Ton- und Lauteurythmie. Dem Eurythmie-Unterricht kommt eine ganz besonders hervorragende Rolle für die Ausbildung der Organfunktionen in allen Lebensaltern zu. Die Eurythmie vereinigt das Element von Bewegungsübungen mit der direkten Ansprache des Gefühlslebens und umfasst auch die Unterrichtsprinzipien, die dann im dritten Entwicklungsabschnitt zur Förderung des Stoffwechsel- und Gliedmaßensystems beitragen: die Arbeit an der inneren Haltung und der Sinngebung im Bewegungsausdruck.

Ganz besonderer Pflege bedarf jedoch im zweiten Entwicklungsabschnitt das Sprechvermögen. Nicht nur, weil gegenwärtig 60 bis 80 % der Kinder mit leichten oder schwereren Sprachstörungen in die Schule kommen und vielfach das Sprechenlernen durch spontane Nachahmung in der Vorschulzeit nicht mehr zureichend erfolgt, sondern auch, weil ein gutartikuliertes volltönendes Sprechen zugleich die beste Atemübung ist, die man dem reifenden Atmungssystem zugute kommen lassen kann. Wohl für kein Unterrichtsfach hat Rudolf Steiner so viele und differenzierte Hinweise gegeben wie für das Üben und Pflegen der Sprache. Denn wer nicht lernt, seinen Gefühlen spontan und unmittelbar Ausdruck zu verleihen, nimmt Hemmungen und die Disposition zu emotionaler Verkrampfung und Verklemmung mit ins Leben. Auch ist es ein bekanntes Phänomen, dass sich da, wo einem die Worte fehlen und man sprachlos wird, die Neigung zu aggressiven Handlungen erhöht. Wie oft wird erst in dem Augenblick zugeschlagen, in dem man kein passendes verletzendes Wort oder Argument mehr zur Verfügung hat. Gelingt es nicht, die Auseinandersetzung auf der verbalen Ebene zu halten, ist die Regression in eine frühere Stufe der Entwicklung, nämlich die «tätliche» Auseinandersetzung, die aggressive Handlung leicht möglich.

In der dritten Entwicklungsetappe, nach der Pubertät, tritt ebenso spontan, wie die Bewegungs- und die Gefühlsbereitschaft aufgetreten sind, jetzt als altersentsprechende Begabung der Wille zum eigenständigen Denken auf. Auch wenn der Ätherleib und mit ihm der Gedankenorganismus schon um das siebte Lebensjahr herum für die eigene Tätigkeit freiwerden und sich durch Abstraktions- und Erinnerungsfähigkeit kundtun, so bedarf das Denken zu seiner Eigenständigkeit noch des Hinzutretens der Gefühls- und Willenskräfte. Die leibfreien Willenskräfte aber, die mit der Ich-Organisation zusammenhängen, stehen erst zur Verfügung, wenn das Stoffwechsel- und Gliedmaßensystem seine Endausreifung erfahren haben. Damit verwandelt sich das Denken wiederum. In der ersten Entwicklungsetappe war es überwiegend ein Bilderdenken. In der zweiten Etappe traten die mit dem

Gefühlsleben so eng verbundene Urteilsfähigkeit und das dazugehörige dialektische Element, das Denken in Gegensätzen, auf. Jetzt, in der dritten Phase ist das Denken so weit, das Willenselement der sich vom Leib emanzipierenden Ich-Organisation aufzunehmen. Dieser Prozess wird dadurch gefördert, dass man die Jugendlichen anregt, jetzt ganz aus eigenen Kräften heraus Fragen nachzugehen und sich auf die selbstständige Wahrheitssuche zu begeben. Es gibt viele Biographien, in denen dieses Erwachen für die Verantwortung der Wahrheit gegenüber im Jugendalter dargestellt wird. Besonders einprägsam hat dies Jacques Lusseyran in seiner Autobiographie *Das wiedergefundene Licht*[44] geschildert. Er beschreibt da, wie er als Sechzehnjähriger mit seinem besten Freund verabredet, dass sie sich von diesem Tag an nur noch die Wahrheit sagen wollen. Mit einem solchen Entschluss nimmt das selbstständige Denken seinen bewussten Anfang. Denn jetzt ist die Instanz geboren, die den Menschen unabhängig macht von äußeren Autoritäten und ihn nur noch der Wahrheit als einer Dimension der inneren Übereinstimmung mit der Welt verpflichtet.

Gelingt es nun im Unterricht, durch gute Fragen, durch Gespräche, durch Anregen eigenständiger Ausarbeitungen dieses selbstständige Denken zu fördern, so hat dies auch eine wohltuende Rückwirkung auf die körperliche Entwicklung. Denn ein Mensch, der selbstständig denkt, hat einen anderen Gang, eine andere innere und damit auch eine andere äußere Haltung als jemand, der von Meinungen und Stimmungen hin- und hergetrieben wird. Letztlich sind es eben doch Gedanken, die uns die feste, sichere Stütze im Leben geben, sind es Ideale, die unsere Schritte orientieren und unsere Entscheidungen beeinflussen und damit auch unserem ganzen Körperausdruck Haltung und Gepräge geben. Hieran zu arbeiten, ist wichtigste Aufgabe des Jugendalters. Damit hat sich aber auch das menschliche Ich so weit als möglich in seinen Hüllenorganismus, das heißt in seine Wesensglieder «inkarniert» und diese zu Instrumenten seines Handelns und seiner Arbeit an sich selbst vorbereitet. Durch die Bewegungs- und Geschicklichkeitsübungen konnte es sich mit seinem Nervensystem verbinden, durch die sorgfältige Pflege des Gefühlslebens und der Sprache mit den rhythmischen Körperfunktionen, schließlich durch ein selbstständiges idealistisches Denken mit dem Stoffwechsel- und Bewegungsapparat.

Wird in dieser Weise die Entwicklung der Kinder und Jugendlichen unterstützt, so ist dies eine entscheidende Hilfe, sich im eigenen Leib «zu Hause» zu fühlen. Je besser das Ich mit seinen Wesensgliedern, insbesondere mit dem physischen Leib, verbunden ist, desto besser kann es dann auch von sich selber absehen und sich frei bewegen. Denn da, wo man sich ganz verbunden hat, kennt man sich aus, weiß sich entsprechend sicher und gestützt und kann es «vergessen». Das aber ist die Voraussetzung, um die leibfreien, seelisch-geistigen Kräfte dann ganz der Umwelt und den Lebensaufgaben zur Verfügung zu stellen. Erlebt man sich im eigenen Körper dagegen fremd und unsicher, werden viele seelisch-geistige Kräfte immer wieder im Bewältigen und Bearbeiten der persönlichen Probleme der Unsicherheit, der Ängstlichkeit oder einfach nur des «Unwohlseins» in sich gebunden.

So stehen wir vor der erstaunlichen Tatsache, dass körperliche Bewegung das scheinbar geistigste Organ stimuliert, nämlich das Nervensystem, und dass das scheinbar Geistigste in uns, nämlich das Denken, in Form von Idealismus und Begeisterungsfähigkeit, das scheinbar Materiellste, das Physischste, nämlich das Stoffwechsel- und Bewegungssystem und mit diesem die aufrechte Haltung erzieht.

Durch pädagogisch-physiologische Grundlagen dieser Art haben wir eine Grundorientierung nicht nur für den Unterricht und seine Arbeitsmittel an der Hand, sondern auch für die Förderung der altersentsprechenden Anlagen und Fähigkeiten. Bewegungsdefizite können damit je nach Art und Umfang durch gezielte gymnastische, eurythmische und spielerische Geschicklichkeitsübungen bearbeitet werden, wodurch zugleich das Nervensystem die adäquate Anregung für seine Entwicklung erfährt. Bei Gefühlsdefiziten werden künstlerische und auch kunsttherapeutische Übungen angeboten, und insbesondere wird großer Wert auf die Ausbildung des Sprachvermögens gelegt. Wer beispielsweise ein Gedicht gestalten und vortragen lernt, wer die feinen Abstufungen von laut und leise in der Musik handhaben lernt, entwickelt dadurch differenzierte Empfindungen und wird sensibel für Feinheiten, auch in der Wahrnehmung anderer Menschen und deren Intentionen. Probleme eines zu trägen Stoffwechsels, eines lustlosen Ganges, einer unmotivierten «hängenden» Haltung können durch motivierende Einzelgespräche, gute Fragen im Unterricht, inhaltsreiche Theaterstücke angegangen werden. Jeder kennt wohl das Erlebnis, wie eine gute Idee fast wie ein elektrischer Schlag in einen hereinfahren und sogar zum Aufspringen bringen kann mit dem berühmten «ich hab's» – «jetzt weiß ich, was wir machen können». In der Schule kann man, insbesondere wenn man die Gelegenheit hat, im Unterricht zu hospitieren, oft beobachten: Wenn einem Schüler etwas klar wird, oder aber wenn ein Kind, das eigentlich Mühe hat, dem Unterricht zu folgen und etwas zu verstehen, dann plötzlich doch begreift, sitzt es mit einem Mal strahlend aufrecht und möchte sich zeigen; es ist in seinem ganzen Gebaren verändert.

So vollzieht sich das, was Goethe so trefflich formuliert hat, indem er sagte: «Das Tier wird durch seine Organe belehrt, der Mensch belehrt die seinigen und beherrscht sie.»[45] Denn die Ausreifung der Organe vollzieht sich nicht «von selbst», sondern bedarf des Einflusses von Lernprozessen, durch die das Ich seinen Leib und die darin zusammenwirkenden Wesensglieder handhaben lernt.

Werden in dieser Weise Bewegung, Gefühlsleben und Sprachfähigkeit sowie das Denken über Jahre hin in ihrer Entwicklung unterstützt, so ist viel geschehen, um diese seelischen Grundfähigkeiten des Denkens, Fühlens und Wollens möglichst gleichgewichtig auszubilden. Damit wird vermieden, dass sich die Intelligenz auf Kosten der emotionalen Reifung und vor allem auf Kosten des Willens entwickelt. Denn je intelligenter ein Kind wird, desto mehr läuft es Gefahr, arrogant, überheblich, kalt, distanziert und berechnend zu werden. Intelligenz allein ist leider kein Garant für Menschlichkeit. Es ist gerade in der Gegenwart eine besonders hervorragende Aufgabe der schulischen Erziehung, hier Einseitigkeiten zu vermeiden.

15. Gesichtspunkte zur Förderung in Schule und Elternhaus

Der Problemkreis von Überforderung und Unterforderung

Es gehört zur täglichen Erfahrung zu Hause, aber auch in der Schule, dass Erziehungs- beziehungsweise Disziplinschwierigkeiten immer da auftreten, wo Kinder sich über- oder unterfordert fühlen. Diese Schwierigkeiten äußern sich beispielsweise darin, dass die begabten Kinder zu provozieren anfangen und auffällig werden, weil es ihnen infolge der Unterforderung langweilig wird und sie noch keine andere Sprache haben, um ihr Unterfordertsein den Erwachsenen gegenüber zum Ausdruck zu bringen als eben die Sprache der Provokation. Aber auch Kinder mit Lernschwierigkeiten und Behinderungen beginnen zu provozieren und auffällig zu werden, wenn sie nicht richtig einsteigen und mitmachen können, weil sie eben überfordert sind. Es ließe sich viel Unheil vermeiden, wenn Eltern und Lehrer die Provokationen und Frechheiten der Kinder nicht persönlich nähmen, sondern als Versuch, dem Erwachsenen etwas zu sagen, was sie nicht anders ausdrücken können. So wie bestimmte Formen der Quengelei, des Heulens oder der Lustlosigkeit nur Ausdruck sind für Übermüdung oder Hunger – jede erfahrene Mutter weiß das –, so sind eben viele der sogenannten «schlechten Eigenschaften oder Frechheiten» von Kindern eine Form, etwas auszudrücken, wofür dem Kind noch die

Worte fehlen und auch entsprechende Gedankenbildungen noch gar nicht zur Verfügung stehen. In der Zusammenarbeit zwischen Eltern und Lehrern kann dann gemeinsam überlegt werden, wie hier Abhilfe zu schaffen ist; beispielsweise dadurch, dass in der nächsten Zeit ein besonders begabtes Kind neben ein solches zu sitzen kommt, welches überfordert ist, und nun diesem weniger begabten Kind hilft. Dadurch lernt das begabte Kind das, was es schon kann, einem anderen beizubringen – eine nicht leichte Aufgabe, die aber ein Kind sehr beschäftigen und seinen Ehrgeiz in eine menschlich-soziale Richtung lenken kann. Entsprechend können auch Eltern, die zu Hause eine Landwirtschaft besitzen oder einen Betrieb, in dem Kinder sich sinnvoll mitbetätigen können, für bestimmte Zeiten eine kleinere Gruppe solcher Schüler «mitarbeiten» lassen, sodass sie mit dem schönen Gefühl nach Hause gehen, hier etwas Nützliches und Wichtiges getan zu haben.

In der Schule kann der Lehrer dann besondere Einrichtungen treffen; er kann begabten Kindern Extra-Aufgaben stellen – auch für zu Hause – und sie so individuell weiterfördern, während er den schwachbegabten in einem bestimmten Fach oder bei bestimmten Aufgaben Extrastunden gibt, in denen sie erleben, dass die Sache doch nicht so schwierig ist und dass sie bei genügendem Üben es doch auch selber können. Wenn Begabte und Unbegabte in einer Klasse sind, hängt es weitgehend vom Verhalten des Lehrers ab, ob die Schüler beim Erleben dessen, was sie leisten, ein gesundes Selbstbewusstsein entwickeln können oder nicht. Die Schwachbegabten werden leicht dazu neigen, sich eben als die Schwachen zu fühlen, als die, die versagen, die nicht richtig mitkommen, und wenn dann noch zu Hause oder in der Schule entsprechende Bemerkungen seitens der Eltern oder Erzieher fallen, lebt das Kind in dem Bewusstsein, dass es nicht dem entspricht, was man von ihm erwartet. Das aber ist Gift für die Entwicklung eines gesunden Selbstbewusstseins. Dieses kann sich nur entfalten, wenn das Kind immer – unabhängig davon, was es kann oder nicht kann – erlebt, dass es als Mensch ernstgenommen und bejaht wird, so wie es ist. Gelingt es dem Lehrer, die Vorzüge jedes Kindes den anderen Kindern anschaubar zu machen und es gerade auf diesen Gebieten besonders zu fördern, dann kann es bedeutend leichter verkraften, auch mit dem konfrontiert zu werden, was es nicht kann, und es wird eher den Wunsch fassen, es doch zu versuchen. Bei den Begabten hingegen erfordert es vom Lehrer viel Geschick, jeder Einbildung und Hochnäsigkeit anderen gegenüber entgegenzuwirken und zu veranlassen, dass sie aus der Freude heraus an dem, was sie können, auch Spaß daran gewinnen, andere daran teilhaben zu lassen oder anderen zu helfen, dies auch zu lernen.

Oft zeigt sich, dass Kinder, die intelligenzmäßig recht begabt sind, es schwer haben, einfache Übungen im Bewegungsmäßigen und Rhythmischen schön und richtig auszuführen. Sie ärgern sich, dass auch sie Fehler machen – obwohl sie doch eigentlich wissen, wie es geht –, genieren sich dann und wollen nicht mehr mitmachen. Sie möchten es gerne sofort perfekt können oder gar nicht machen; beim kleinsten Misserfolg ist dann schon Schluss. Mit diesem empfindsamen Selbstbewusstsein der Begabten gilt es dann sorgfältig umzugehen, damit sie eben auch im Willensbereich, der durch Bewegungs- und rhythmische Übungen gepflegt wird, entsprechende Fähigkeiten entwickeln können. Auch da ist es manchmal nötig, solche Kinder einzeln oder in einer kleinen Gruppe zusammenzurufen, um intensiv zu üben, damit es dann auch in der großen Klasse problemlos geht. Manchmal kann man auch ältere Schüler oder Mütter, die die Fähigkeiten und auch die Zeit dafür haben, zwei- bis dreimal in der Woche für solche Extraaufgaben gewinnen. Auf diese Weise kann von Anfang an daran gearbeitet werden, dass Behinderungen abgebaut und die menschlich-sozialen Fähigkeiten in gleicher Weise Förderung erfahren wie die kognitiv-bewusstseinsmäßigen.

Ergänzen, was fehlt

Es gibt Kinder, die sehr dankbar sind, wenn man ihnen hilft, etwas, was sie nicht können, zu lernen; wenn man ihnen mit dem Vertrauen begegnet: Auch du kannst es, wenn du nur ein wenig übst – und ich helfe dir dabei. Ideal ist es, wenn der Lehrer selber die Anleitung für dieses Extraüben geben kann, oder zumindest mit dem Nachhilfelehrer zusammenarbeitet. Denn es ist für ohnehin schon durch ihre Minderbegabung angeschlagene Schüler noch eine zusätzliche Belastung, wenn der Nachhilfelehrer eine andere Lernmethode anwendet als die in der Schule geübte und gepflegte. So hat es sich sehr bewährt, dieses zusätzliche Üben in einer Freistunde oder auch einmal auf Kosten eines anderen Unterrichtsfaches über einen gewissen Zeitraum durchzuführen. Sehr hilfreich ist es, wenn es an einer Schule einen Förderkreis[46] gibt, in dem gemeinsam überlegt wird, wie dem einen oder anderen Kind auf diesem oder jenem Gebiet speziell geholfen werden kann. Im gemeinsamen Darüber-Nachdenken findet sich eigentlich immer ein gangbarer Weg. Wenn es diesen Förderkreis nicht gibt, so kann die Klassenkonferenz oder eine spontan zusammengerufene «Kinderbesprechung» mit oder auch ohne Beisein des betreffenden Schülers eine ähnliche Funktion erfüllen.

«An der anderen Schraube drehen»

Oft sind Kinder aber auch dankbar, wenn sie in einem bestimmten Fachgebiet, in dem sie Schwierigkeiten haben, auf dem niedrigen Stand, den sie haben, in Ruhe gelassen werden und ihre Behinderung beziehungsweise Minderbegabung nicht ins Rampenlicht kommt und gerade keine Aufmerksamkeit erregt in Form von Extrazeiten beziehungsweise Übstunden. Gelingt es, die betreffenden Schüler dann in den Fächern zu fördern, wo sie etwas leisten können und sich sicher fühlen, und geht dies über eine längere Zeit gut, so erwacht von selber eines Tages in dem Schüler das Bedürfnis, jetzt auch auf den Gebieten, wo er schwach ist, sich selber mehr anzustrengen und den Schmerz auszuhalten, mit der eigenen Unfähigkeit konfrontiert zu werden. Auch dieses Abspüren, womit man dem Kind mehr hilft – indem man direkt an der Minderbegabung ansetzt oder zunächst einmal ganz bewusst «an der anderen Schraube dreht», erfordert viel pädagogisches Geschick, und es ist gut, wenn solche Fragen im Gespräch mit Kollegen und/oder Eltern abgewogen werden.

Den späteren Erwachsenen im Kind ernstnehmen

Es ist gut, wenn Eltern und Erzieher nicht vergessen oder verdrängen, wie sehr sie selber als Kinder darunter gelitten haben, wenn man sie nicht ernstnahm. Das Ernstgenommenwerden unterstützt die Kinder darin, dass sie um der Fähigkeit willen oder der Sache willen etwas lernen, und nicht nur deshalb, weil sie dem Erwachsenen damit eine Freude machen oder aber aus Angst oder um einer Peinlichkeit zu entgehen. *Versagenszustände und Fehler sind etwas so Menschliches und so Ehrliches, dass das Kind schon von klein auf erleben sollte, dass sie zum ganz normalen Menschsein dazugehören und nicht «schlimm» sind.* Schlimm ist nur, wenn man denselben Fehler zu oft wiederholt und nicht bereit ist, daraus zu lernen. Doch auch dies sollte der Erwachsene dem Kind nicht vorhalten, sondern ihm Hilfestellung geben, damit es selber daraufkommt und dann auch daran arbeitet.

Aber Stephan – was ist denn jetzt schon wieder los!

Es ist ganz natürlich, dass Schüler, die Schwierigkeiten haben oder im Unterricht stören und Probleme bereiten, häufiger ihren Namen in strengem Ton oder auch einmal im Zorn ausgerufen erleben – wohingegen Schüler, die «pflegeleicht» sind und denen die Arbeiten problemlos von der Hand gehen, ihren Namen in freundlichem und anerkennendem Ton hören können. Das bedeutet aber, dass gerade die, denen es ohnehin schon besser geht, durch Anerkennung, Bejahung und liebevolle Zuwendung seitens des Lehrers eine Stärkung ihres Selbstwertgefühls erfahren und die anderen, die gerade einer solchen Stärkung bedürften, weil sie viel häufiger mit ihrem Versagen konfrontiert sind, diese nicht nur nicht bekommen, sondern darüber hinaus auch noch erleben, dass der Erwachsene sich ständig über sie ärgert und ihnen zu verstehen gibt, dass sie so, wie sie sind, nicht richtig sind beziehungsweise eigentlich anders sein sollten, als sie sind. Gerade dieses Problem tritt im familiären Bereich häufig zutage, wenn ein oder zwei Geschwister die Sonne der Anerkennung ihrer Eltern genießen, während ein oder zwei schwarze oder graue Schafe sich immer die Unbill der Erwachsenen oder der Geschwister zuziehen. Um hier nicht Fehlentwicklungen für das spätere Leben zu veranlagen,[47] ist es entscheidend, gerade einem Kind, das man zu Recht tadeln oder zurechtweisen oder auch einmal ausgrenzen musste, bei der nächsten Gelegenheit klarzumachen, dass man es genau so lieb hat wie die anderen: durch die Art, wie man es anspricht, durch das, wozu man es auffordert, oder einfach nur durch ein liebevolles In-den-Arm-Nehmen. Ein kleines Beispiel möge dies verdeutlichen. In einer Familie mit vier Kindern sitzt man zum Abendbrot, und das zweitälteste ist übellaunig und provoziert und stört und ärgert nach allen Richtungen, sodass es sich gegen Ende der Mahlzeit den Zorn nahezu aller Familienmitglieder zugezogen hat. Nach dem Essen geht dann der eine hierhin, der andere dorthin, und dieses Kind geht mit einem Mal in geringer Entfernung am Vater vorbei, der sich mit der Zeitung in einen bequemen Sessel gesetzt hat. Der Vater legt die Zeitung beiseite, zieht das Kind wortlos zu sich heran, setzt es auf seinen Schoß und sagt nur: Weißt du – ich mag dich! Ein tiefer langer Atemzug entspannt das unglückliche Kind. Es bleibt noch ein wenig sitzen, springt dann auf und geht in sein Zimmer.

Du kannst, was du willst

Nichts stärkt das Selbstvertrauen eines Kindes mehr als zu erleben, dass es etwas kann. Ein Tag, an dem Kinder von der Schule ohne das Gefühl nach Hause kommen, wieder etwas gelernt zu haben, ist so gesehen ein verlorener Tag. Zu diesem Erleben des eigenen Könnens gehört aber auch, dass der Erwachsene das Erreichte wahrnimmt, es bestätigt, sich darüber freut. Leistungen, für die sich das Kind angestrengt hat, zu übersehen, eine Arbeit, die das Kind gemacht hat, nicht, wie versprochen, anzuschauen oder aber das Erreichte unzufrieden zu verreißen – all das sind Verhaltensweisen, die zu schweren Kränkungen und darauf basierendem späterem Fehlverhalten führen können. Wer in der Kindheit viele Demütigungen und Vernachlässigungen erfahren hat und diese nicht für sich verarbeiten, im Laufe der Entwicklung zurechtrücken und beruhigen konnte – der neigt im späteren Leben dazu, sich für dieses angetane Unrecht unbewusst-instinktiv zu rächen, indem er es genießt, über andere Macht auszuüben und über Unmündige zu herrschen.

Eine andere Gefahr besteht in unsachgemäßen, übertrieben lobenden Beurteilungen. Das Kind weiß selber recht genau, ob ihm etwas geglückt ist oder nicht. Und so ist es enttäuscht, wenn alles, was es dem Erwachsenen zeigt, mit dem einen gleichbleibenden stereotypen «das hast du aber schön gemacht» belohnt wird. Es erwartet Hilfe und Ansporn für seine Entwicklung. *Das Lobenswerte zu loben und das Verbesserungswürdige ehrlich beim Namen zu nennen und nächste kleine Schritte für das weitere Tun und Lernen zu zeigen* – das schafft den Ausgleich zwischen den Extremen des übertriebenen Lobs und der nie zufriedenen Nörgelei und Ablehnung. Kann das Kind in dem Bewusstsein leben: Alles was ich ernsthaft möchte, kann ich auch lernen, und der Erwachsene hilft mir dabei – so stellt sich ein elementares Freiheitsempfinden ein, das zu weiterer Arbeit motiviert.

Das Geheimnis der kleinen Schritte

Lernen ist mühsam. Und nicht nur Kinder, sondern auch Erwachsene lieben die Perfektion, die Technik, das vollkommene Funktionieren und wollen gerne etwas «können» ohne das mühevolle Sich-Erarbeiten, das als notwendiges Übel empfunden wird und das man zu umgehen versucht, wo es irgend möglich ist. Eltern oder auch Lehrer, die sich vor dem Kind stets als die Menschen geben, die alles richtig machen und dem Kind sagen können, was es alles nicht kann und wie es dies und jenes besser zu machen hat, erzeugen nicht nur Unlust beim Kind, sondern auch das Verlangen, eines Tages als Erwachsene auch anderen sagen zu können, wo es langgeht. Mensch-Werden bedeutet jedoch, ein Leben lang weiterzulernen und die Entwicklung ernstzunehmen, vor allem:

sich selber zu sagen, wo es langgehen soll. Das aber bedeutet gerade die Absage an die Illusion der Perfektion und das Offenbleiben für immer neue Entwicklungsschritte und Veränderungen. *Daher ist es von unschätzbarem Wert, wenn Kinder an ihren Eltern und Erziehern erleben, dass auch diese selber noch auf dem Weg sind, sich Fehler eingestehen und aus diesen Fehlern lernen.*

Eine solche Einstellung schafft ein Klima brüderlicher, partnerschaftlicher Verbundenheit und hilft auch, Phantasie zu entwickeln für den nächstmöglichen, wenn auch noch so kleinen Entwicklungsschritt. Vielfach kommen Lernblockaden, die sich als Lernbehinderungen äußern, nur dadurch zustande, dass die Lernschritte, die vom Lehrer verlangt werden, zu groß sind oder dass der Lehrer nicht genügend Phantasie hat, sich in die unterschiedlichen Begabungsrichtungen und damit auch verschiedenen Wege zu dem gesteckten Lernziel hineinzuversetzen. Ein Beispiel aus dem Mathematikunterricht im 9. Schuljahr einer Waldorfschule möge das erläutern: Der Lehrer stellt eine Aufgabe aus dem Bereich der Kombinatorik und fragt am Ende, wer die Aufgabenstellung verstanden hat und wer nicht. Es melden sich eine ganze Reihe von Schülern, die es nicht verstanden haben. Darauf erläutert der Lehrer den ganzen Vorgang noch einmal und fragt wiederum: Wer hat es jetzt noch nicht verstanden? Wiederum melden sich eine Reihe von Schülern, kaum weniger als beim vorigen Mal. Etwas erstaunt erklärt er ein drittes Mal und fragt wiederum. Und wieder sind es annähernd dieselbe Anzahl von Schülern, die es nicht verstanden haben. Daraufhin meldet sich eine Schülerin und sagt: Aber Sie haben es auch alle drei Mal gleich erklärt! Nicht die Schüler sind hier blockiert, sondern der Lehrer, der nur seinen eigenen Zugangsweg zum Problem kennt und sich nicht in andere Lernvoraussetzungen eindenken kann. So wie es Augen- und Ohrenmenschen gibt, so gibt es Kinder, die einen mehr gefühlsmäßigen Zugang zu den Dingen haben, andere, die mehr rational an die Dinge herangehen, und wieder andere, die sich etwas erst dann konkret vorstellen können, wenn es praktisch zu erledigen ist. Das erfordert vom Lehrer Flexibilität und eine Schulung in Menschenkenntnis. Da beide in den Ausbildungen oft nicht genügend vermittelt werden können, kommt hier der Klassenkonferenz und dem kollegialen Gespräch eine hervorragende Bedeutung für die Fort- und Weiterbildung der Lehrer zu. Auch auf Elternabenden sollten Fragen dieser Art offen besprochen werden, sodass die Kinder immer wieder mit neuen Augen gesehen, wahrgenommen und so akzeptiert werden, wie sie sind; sonst läuft man mit Wunschbildern von Kindern oder auch von ganzen Klassen herum und leidet an der so ganz anderen Wirklichkeit.

Auf latente Fragen achten

Jedes Kind bringt sich aus dem vorgeburtlichen Leben in der geistigen Welt für sein Leben bestimmte Zielvorgaben mit, die unbewusst in ihm ruhen. Im Laufe von Kindheit und Jugend wird das eine oder andere davon durch dieses oder jenes Ereignis ins Bewusstsein gehoben, anderes verbleibt noch für längere Perioden des Lebens im Unbewussten. Da ist es hilfreich, wenn der Lehrer in sich immer wieder bestimmte

Fragen bewegt: Was muss ich den Schülern bringen? Für welche Fragen muss ich mich interessieren? Was sollte angesprochen werden, damit möglichst viel von den unbewusst mitgebrachten Fragen und Intentionen der Schüler ins Bewusstsein heraufkommen und erlebt werden kann? Oft erlebt dann der Schüler plötzlich: *Das ist es, was mich interessiert. Das ist es, was ich einmal möchte.* – Erfahrungen dieser Art fördern nicht nur das Selbstvertrauen im Schüler und das Erleben seiner eigenen Identität, sondern sie sind auch das erfolgreichste Mittel, um zwischen Lehrern und Schülern einen guten inneren Kontakt herzustellen und zu pflegen. Dieser wiederum ist dann die ideale Voraussetzung für Lernmotivation, auch bei schwierigeren Dingen, und den gewünschten Lernerfolg.

In den letzten Kapiteln dieses Buches soll nun noch auf die Frage des Zusammenwirkens von Schule und Elternhaus eingegangen werden, weil sich immer wieder gezeigt hat, dass die gute Zusammenarbeit von Erziehern und Eltern eine entscheidende Voraussetzung für eine richtige Förderung im oben beschriebenen Sinne ist.

16. Motive für den gemeinsamen Schulungsweg von Eltern und Erziehern[48]

Einen Schulungsweg gehen heißt nicht nur, eine bestimmte Abfolge von Schritten vollziehen. Es bedeutet immer auch, die Frage zu stellen, ob und wie wir mit einem Ziel leben können. Wir erwarten ja von einem Weg, dass er uns dahin führt, wo wir noch nicht sind. Und wir sind auch gespannt, was unterwegs passieren wird.

Früher war der bewusste Schulungsweg in Form von Initiationsvorbereitung und Riten ein Privileg der Herrscher und Könige, der Priester und Propheten. Das Volk, der Mann von der Straße, war davon ausgeschlossen. Die Menschen an der Spitze erfuhren eine besondere, bewusste Schulung bis zu ihrer Einweihung, die einfachen Leute lernten am Leben und an den Erfahrungen, die sie durchmachten. Heute haben wir die allgemeine Schulpflicht, man könnte auch sagen: Schulungspflicht. Sie ist eine der wesentlichen kulturellen Errungenschaften der letzten Jahrhunderte und noch längst nicht in allen Teilen der Welt so selbstverständlich wie in Europa. Doch auch bei uns ist es noch neu und im wahrsten Sinne modern, sich nach Absolvierung der «Schulpflicht» auf den freiwilligen Weg lebenslanger bewusster Selbsterziehung und Schulung zu begeben.

Wenn wir in frühere Zeiten zurückblicken, in denen es die privilegierten Schulungsstätten gab, sehen wir gleichsam als

Ziel des Schulungsweges, zum Beispiel am Ende einer Prozessionsstraße, ein Götterstandbild. Dieses Standbild war äußerer Ausdruck des Zieles. In Wahrheit ging es um die innere, seelisch-geistige Annäherung und Vereinigung mit der Gottheit, an deren Wesen man teilhaben und von der man sich inspirieren lassen wollte. Mit Beginn des Christentums sind die alten Mysterienstätten zunehmend dekadent geworden und verfallen. Die alten Macht- und Führungsstrukturen werden immer mehr überwunden durch zunehmend demokratische Lebensformen, in denen jeder einzelne Mensch sein Recht auf individuelle Entwicklung und Schulung geltend machen kann. Durch den Wegfall gesellschaftlicher Kontrollsysteme und Konventionen ist damit der Einzelne aber immer mehr auf sich selbst gestellt und erlebt die zunehmende Freiheit auch als Unsicherheit und Orientierungslosigkeit. Wo früher äußere Orientierungen waren – bis hin zu Götterstandbildern –, muss jetzt innere Orientierung gesucht werden: Ziel und Maßstab in sich selbst.

So braucht auch der Schulungsweg von Eltern und Erziehern gemeinsame Ziele. Einige seien genannt:

- Zusammenarbeit, auch wenn uns vieles am Verhalten des anderen nicht passt.
- Menschenwürdiges Lösen von Konflikten.
- Verständigung, damit die Kinder nicht in zwei Welten leben müssen, der häuslichen, wo alles erlaubt ist, was in der Schule nicht gerne gesehen wird, und der schulischen, wo Dinge getan werden, die den Eltern vielleicht lebensfremd vorkommen.
- Gegenseitige Akzeptanz, Verständnis für die Motive des anderen und die Fähigkeit zu lebensgemäßen Kompromissen.

- Verzicht darauf, den anderen erziehen zu wollen. Wie gerne würden oft Lehrer den Eltern sagen, wie es zu Hause zu sein hat; es gibt aber auch immer wieder Eltern, welche den Lehrer gerne auf den rechten Weg bringen möchten.
- Berücksichtigung berechtigter Wünsche und Anliegen des anderen in der Weise, dass das betroffene Kind sich wohler fühlt und es ihm in der Schule besser geht.
- Abbau der oft unklaren und unangemessen hohen Erwartungen an den anderen. Auch Lehrer sind Menschen, die nach ihrer Ausbildung und nach ersten Berufserfahrungen nur höchst selten dem großen Idealbild des alles vermögenden Könners entsprechen. Ebenso wenig haben wir es zu Hause mit idealen Eltern zu tun, die alles nur Mögliche in Szene setzen, damit das Kind nur ja in der Schule ein Engel ist – was im übrigen recht schlimm wäre. Realistisch wäre ein vernünftiger Austausch über die gegenseitigen Erwartungen und vor allem die tatsächlichen Möglichkeiten; das setzt voraus, dass sich Eltern und Lehrer gut kennen lernen, sodass ein Vertrauensverhältnis entstehen kann.
- Formen der Zusammenarbeit mit dem Ziel einer gemeinsamen Gestaltung von Schule.
- Klärung von Fragen, wann eine Mitsprache der Eltern sinnvoll und alles andere als eine Zumutung ist und wo der Bereich beginnt, in dem der Lehrer aus voller Freiheit heraus und im Vertrauen auf das Verständnis der Eltern handeln muss.
- Bildung von Kommissionen aus Eltern und Lehrern, an die sich Eltern, aber auch Lehrer wenden können, wenn Konflikte und Schwierigkeiten nicht mehr mit normalen Mitteln behoben werden können.

All diesen Zielsetzungen liegt der gemeinsame Wille zugrunde, das Werden des Kindes beziehungsweise Jugendlichen so zu begleiten, dass diese sich selber als Menschen verwirklichen können. Damit kreist das gemeinsame Bemühen von Eltern und Lehrern aber um etwas Werdendes, etwas, was noch nicht sichtbar und dennoch so konkret ist wie die Zukunft dieser Kinder und Jugendlichen: *das Wesen Mensch.* Und so ist sicher das entscheidende Ziel, das Eltern und Lehrer für ihren gemeinsamen Weg verbinden kann, dieser Blick auf den werdenden Menschen,[49] den Zukunftsmenschen, auch wenn dieser noch unsichtbar ist, wie es unsere Ideale eben sind, die zunächst nur gedacht werden können. *Am Ideal der Menschlichkeit muss so gearbeitet werden, dass es zum geistigen Lebensblut der Eltern und Erzieher wird.*

Menschlichkeit – wie lässt sich dieses Ideal verwirklichen?

Wer sich selber fragt, wo er bei anderen Menschen «Menschlichkeit» am stärksten erlebt und wann er sich selber wirklich als Mensch fühlt – der kommt auf sehr zentrale und elementare Eigenschaften. Zunächst äußert sich das tätige Ich kraft seiner Wesensglieder durch die drei Seelenfähigkeiten Denken, Fühlen und Wollen. Und so gibt es Ideale, Perspektiven, die diese Äußerungsweisen immer menschlicher werden lassen.

Ein Ideal für das menschliche Denken, das die Menschen über die ganze Erde hin verbindet, das jeder schützt und als besondere Qualität der Menschlichkeit anerkennt, besteht darin, dass sich das Gedanken- und Erkenntnisleben der Menschen an der *Wahrheit* orientiert und bestrebt ist, jede Form von Lügenhaftigkeit und Manipulation der Wahrheit – sei es um des lieben Friedens willen oder um besser vor sich und anderen dastehen zu können – zu überwinden. Gerade in der gegenwärtigen Zeit, wo in Politik und Wirtschaftsleben so viel gelogen und «Informationen» so stark manipuliert werden und man bei kaum einem Zeitungsbericht sicher sein kann, dass sich das Dargestellte mit den tatsächlichen Verhältnissen deckt, gewinnt dieses Ideal immer mehr an Bedeutung. Es schafft ein helles, offenes und befreiendes Klima unter den Menschen, wenn sie miteinander ehrlich sind und sich aufeinander verlassen können.

Ebenso gibt es ein Ideal für das Gefühlsleben, das wiederum unabhängig von Volks- und Religionsgewohnheiten allen Menschen eigen ist: das Ideal der *Liebe*. Liebe ist stärker als jede Sympathie, ja sie kann sogar Antipathien überwinden und große Wandlungen im Seelenleben der Menschen bewirken. Liebe ist ein Gefühl, durch das die Menschen sich gegenseitig so annehmen lernen, wie sie sind, sodass sozialer Status, Begabungen und Behinderungen an Gewicht verlieren, weil das Interesse für die Lebens- und Schicksalsumstände des Einzelnen stärker wird als persönliche Zu- und Abneigungen. Liebe erweist sich immer wieder als die stärkste Kraft in der menschlichen Seele, im wahrsten Sinne des Wortes als das Zentrum des Menschseins.

Und auch für das Willensleben gibt es ein solches Ideal. Es ist das Ideal der *Freiheit*. Selber frei handeln lernen und dabei die Freiheit der anderen genauso respektieren wie die eigene – es ist ein Ideal, das, indem man nach seiner Verwirklichung strebt, wie Liebe und Wahrhaftigkeit dazu beiträgt, dass das Leben der Menschen immer menschlicher wird.

Damit ist aber auch das Wesentliche der Menschlichkeit charakterisiert. Alles andere «Menschliche» lässt sich mühelos von einem dieser drei Ideale ableiten oder mit ihnen im Zusammenhang sehen. Ja, man kann auch erleben, dass diese drei Kernideale ganz eng miteinander zusammenhängen beziehungsweise in Wechselwirkung zueinander treten. Denn was wäre Liebe ohne Ehrlichkeit und den Willen, die Freiheit des anderen zu respektieren? Was wäre Ehrlichkeit, wenn sie lieblos und zwingend, das heißt ohne die freilassende Geste aufträte? Und was wäre Freiheit ohne Liebe und Wahrhaftigkeit? So wie das Menschenwesen ein einheitliches ist, obwohl es sich durch ganz verschiedene Organe und Seelenkräfte äußert, so bilden auch die Ideale, die das Zentralmenschliche bezeichnen und gleichsam die Eigenschaften des Ich selber sind, eine Einheit in der Verschiedenheit. *Das Ich braucht die Arbeit im Denken, um selber zu erleben und zu zeigen, dass sein Wesen wahrhaftig ist, und es braucht die Arbeit im Fühlen und im Wollen, um zu erleben und zu zeigen, dass sein Wesen Liebe und Freiheit ist. Es braucht die Arbeit in seiner Seele, um sich als individuelles Wesen zu erleben und seiner selbst bewusst zu werden.* Es gibt wohl nichts, durch das wir die Besonderheit der menschlichen Natur deutlicher erleben können, als den Umgang mit unseren Idealen. Wer sich bemüht, den Idealen der Wahrheit, der Liebe und der Freiheit nachzustreben, tut dies, weil er erlebt, dass so zu sein nicht nur als unerreichbar fernes Menschenziel vor ihm steht, sondern zugleich auch etwas ist, woran täglich und ganz konkret gearbeitet werden kann. Es ist dieses Ziel schon in jedem Augenblick, da wir uns darauf besinnen, in uns wirksam. Das heißt, wir haben das, was wir erst suchen wollen, in Wirklichkeit schon in uns. Wir können nach dem Ideal streben, dieses Ideal fassen, weil es in uns liegt. Wir sind, was wir sind, obwohl wir es erst noch erarbeiten müssen. So hat man das Ich auch gerne als Schlange dargestellt, die sich in den Schwanz beißt, als etwas, was schon vollendet da ist und sich doch erst Stück für Stück seiner selbst bewusst werden muss – im Verzehren seiner selbst –, als Bild für den schmerzhaften Prozess der Selbsterfahrung beziehungsweise Selbstaneignung. Dieser Prozess äußert sich auch sprachlich in der eigentümlichen Formulierung: *Ich bin ich,* dem Ur-Satz der Identität. Das an erster Stelle stehende Ich ist gesetzt, gegeben, durch die Schöpfung vorhanden – das zweitgenannte Ich ist etwas, was wir erst selber erringen müssen. Wir müssen uns unsere eigene Identität erst erarbeiten, obwohl wir schon jemand «sind».

So relativ leicht sich dies alles formulieren lässt, so schwierig ist es, einen solchen Weg im Alltag zu verwirklichen. Und gerade für die Zusammenarbeit von Eltern und Erziehern ist es hilfreich, sich auf Vorstufen dieser drei großen Ideale zu besinnen und die Frage zu stellen: Wie kommt man zur Wahrhaftigkeit? Wie kommt man zur Liebefähigkeit und wie zur Freiheit? Jede Wahrheitsfindung beginnt mit der Frage nach dem, was man erkennen möchte. *Interesse* ist also die unabdingbare Voraussetzung dafür. Je umfassender nun das Interesse an den Wesenseigentümlichkeiten der Schüler, der Lehrer und der Eltern ist, umso besser werde ich sie verstehen und eine Atmosphäre von Wahrhaftigkeit erzeugen können. So wie Interesse der Ehrlichkeit auf den Weg hilft, so gegenseitiges Bemühen um *Anerkennung* der Liebefähigkeit. Das

Anerkennenswerte am anderen aufzusuchen und zu bestätigen ist Grundlage jeder menschenwürdigen Beziehungsgestaltung und schafft auch das Klima, in dem Kritik und Fehlverhalten angeschaut und bearbeitet werden können.

Ein Beispiel: In die kinderärztliche Sprechstunde wird ein «schwieriges Kind» gebracht. Alle Schwierigkeiten werden aufgefächert, die Eltern und Lehrer besorgt machen. Sie finden sofort Anerkennung, sie sind ganz im Bewusstsein. Wenn man jedoch nach der positiven Anerkennung fragt, nach dem, was das Kind für Möglichkeiten hat – bewegungsmäßig, sprachlich, gedanklich, tätigkeitsmäßig, beziehungsmäßig und so weiter –, tritt oft erst einmal eine ziemlich lange Pause ein. In solchen Situationen ist es wichtig, sich klarzumachen: Du darfst nur so viele Fehler beim Namen nennen und dem Kind bewusst machen, wie du auf der anderen Seite Stärken entdeckst und anerkennst. Wenn es nur zwei Stärken sind, die du findest, so darfst du auch nur zwei Schwächen beim Namen nennen bei der Arbeit mit dem Kind. Entscheidend ist aber, dass die beiden Stärken genauso intensiv Erwähnung finden wie die Schwächen. Kein Erwachsener hält es aus, ständig mehr beschimpft und infrage gestellt als anerkannt oder gelobt zu werden. Ein Erwachsener wechselt in einem solchen Falle den Arbeitsplatz oder ändert früher oder später sein Privatleben. Aber die Kinder, und vor allem behinderte Kinder, können das nicht. Sie können nicht einmal die Schule verlassen – höchstens einmal weglaufen in ihrer Verzweiflung.

Voraussetzung hingegen für jedwede freie Betätigung und jedes Freiheit-Geben ist das *Vertrauen.* Je stärker Selbstvertrauen, Vertrauen in Menschen und in die Welt ausgebildet sind, umso freier fühlen sich die miteinander lebenden und arbeitenden Menschen. Im Grunde ist jedes Handgeben, jeder Handschlag ein Vertrauensbeweis. Man gibt dem anderen gleichsam ein Stück von sich in die Hand. Grundlage des Vertrauens ist, zu bemerken: In Wahrheit hängen wir doch alle irgendwie miteinander zusammen – der Käufer mit dem Verkäufer, der Lehrer mit dem Schüler, der Schüler mit dem Lehrer – jeder mit jedem. Grundlage dieses Zusammenhangs ist das Vertrauen, und der Willensverkehr der Menschen untereinander wird vom Grad dieses Vertrauens geprägt.

Der Schulalltag und die Notwendigkeit der Schulung

Wie sieht nun aber der Alltag an Waldorfschulen aus, wo die Pflege der Ideale Wahrheit, Liebe und Freiheit in der Pädagogik veranlagt ist? Da fällt man manchmal in Abgründe der Enttäuschung. Man begegnet Sprachbarrieren; man erlebt auf Eltern- wie auf Lehrerseite Kommunikationsschwierigkeiten: Eltern trauen sich nicht, ehrliche Kritik zu üben, weil sie Angst haben, dass das Kind es dann zu spüren bekommt; Lehrer haben Angst, die Eltern würden das Kind von der Schule nehmen, wenn sie zugäben, dass sie die Waldorfpädagogik selbst noch lernen müssen. Dadurch wirken sie dann bisweilen eng und dogmatisch statt offen und gesprächsbereit.

Doch Probleme dieser Art gibt es nicht nur auf dem Felde der Ehrlichkeit. Von «Liebe» wagt man kaum zu sprechen. Man ringt darum, im Interesse des Kindes tragfähige Beziehungen aufzubauen. Beziehungsfähigkeit ist ja die elementarste Voraussetzung, um den anderen anzuerkennen. Wir erleben zwischen Eltern und Erziehern neben beglückenden Begegnungen im gemeinsamen Bemühen auch schwere Beziehungsstörungen. So erzählt mancher Klassenlehrer begeistert von «seinen» Eltern, wie sie helfen und wie er sich getragen fühlt. Es tritt aber auch das krasse Gegenteil auf, dass nämlich der Lehrer erlebt, was es heißt, von den Eltern nicht anerkannt oder unterstützt zu werden. Umgekehrt haben Eltern nicht selten das Empfinden, als Partner bei der Erziehung des Kindes nicht ernstgenommen zu werden, kaum Mitspracherecht zu haben und im Leben der Schule als Mitgestalter nicht willkommen zu sein. In allen diesen Fällen kommt es zu keiner vertrauensvollen Verständigung, und die Folge solcher Unstimmigkeiten ist, dass das Kind in der Schule eher mehr als weniger Schwierigkeiten hat und macht. Begabungsförderung braucht ein Klima von Interesse, Anerkennung und Vertrauen. Sonst treten Behinderungen in erhöhtem Maße zutage und erschweren die Lernvorgänge in unnötiger Weise.

Angesichts dieses Widerspruchs zwischen den Idealen und der Wirklichkeit kann ein starkes Ungenügen empfunden werden. Es kann sich die schmerzhafte Einsicht einstellen: Meine mitgebrachten Fähigkeiten reichen zur Bewältigung der Aufgaben, um die es geht, nicht aus. Und es kann die Sehnsucht auftreten, sich innerlich weiterzuentwickeln und auf den drei Ebenen, auf denen auch die Probleme auftreten – auf der Wahrheits- und Gedankenebene, auf der Gefühls- und Beziehungsebene, aber auch auf der Handlungs- und Willensebene – neue, gesteigerte Kräfte zu gewinnen. Da steht man vor der Frage, wie der Entschluss, einen solchen neuen Weg zu beginnen, mit genügend Kraft gefasst werden kann, sodass man diesen Weg dann auch wirklich geht. Hier stoßen wir auf ein besonders gravierendes Problem unserer Zeit: eine allgemeine Willenslähmung, ja Willensschwäche. Man wird durch ein Übermaß an Angeboten, was man tun könnte und lassen sollte, zwar leicht angeregt, aber das Interesse bleibt oberflächlich, und am nächsten Tag wird alles schon wieder von anderem überlagert, die Zeit rast in einem ständigen Aktionismus dahin, und die wesentlichen Fragen können nicht aufgegriffen werden.

Andererseits ist es heute nicht mehr möglich und sinnvoll, wie im Mittelalter die innere Entwicklung abgeschirmt vom äußeren Leben hinter Klostermauern zu besorgen. Heute verlangt gerade das *äußere Leben* nach Vertiefung und geistiger Orientierung. Und so müssen Möglichkeiten gefunden werden, das innere und äußere Leben miteinander zu verbinden und gerade in den Anforderungen des äußeren Lebens Anregungen für die eigene Schulung zu entdecken, beispielsweise zu lernen, Wesentliches von Unwesentlichem zu unterscheiden und auch bei großer Arbeitsanspannung und Hektik die innere Ruhe zu bewahren. Voraussetzung dafür ist jedoch etwas, was man beim Eintritt ins Kloster als «Gelübde» bezeichnete. Ohne einen gelöbnisartigen Entschluss sich selber und der Sache gegenüber – zum Beispiel eine Schule innerlich mitverantworten und mittragen zu wollen – ist in aller Regel die Kraft zu schwach, den Weg tatsächlich zu gehen und beim Auftreten von Problemen nicht vorschnell wieder aufzugeben. Ein Zweites, das für diesen Weg nötig ist, kann mit dem Wort «Bekehrung» angedeutet werden. Wer nicht bereit ist, sich zu ändern, wird rasch auf diesem Wege irgendwo anstoßen und nicht weiterkommen. Voraussetzung für eine solche Bekehrung beziehungsweise Wandlungsfähigkeit sind jedoch oft schmerzliche Lebenserfahrungen. Ja, manche Menschen brauchen ein hohes Maß an Leidensdruck, bis sie in schwierigster Lebenslage vor der Entscheidung stehen: Entweder wirst du jetzt krank, verrückt, du wirst ein Trinker und bequem, lässt alles laufen – oder du fängst jetzt wirklich an, Stück für Stück das in die Hand zu nehmen, mit dem du nicht zurechtkommst, und änderst dich.

Oft sind es leidvolle Erlebnisse, die einen für die Erkenntnis aufwecken, dass ein neuer Schritt in der inneren Arbeit beziehungsweise der Schulung getan werden muss. Und so gab es auch stets in der Schulungstradition der Menschheit diesen Weg der Wandlung und «Einweihung durch das Leben», auf dem man aktiv annehmen lernt, was das Schicksal einem zuträgt. Daneben aber gab und gibt es auch den mehr verborgenen Einweihungsweg durch bewusste Schulung der Seelenkräfte, durch den man lernt, sich die Widerstände und Leiden in Form von selbstgewählten Übungsaufgaben und Prüfungen selbst zu schaffen, um an deren Bewältigung zu erstarken und sich zu entwickeln. Zwei klassische Vertreter dieser beiden Wegrichtungen sind Johann Wolfgang Goethe und Rudolf Steiner. Goethe, der streng den Weg der Einweihung durch das Leben ging, der nie ganz gesund war, immer mit irgend etwas körperlich oder seelisch zu ringen hatte, setzte in seinen Werken all das um, was ihn das Leben und die eigene Konstitution lehrten und wodurch er sich seelisch harmonisierte und einen Ausgleich schuf. Jedes Wort in seinem Werk zeugt von den Überwindungen, die er sich im Laufe seines langen Lebens abgefordert hat. Auf der anderen Seite Rudolf

Steiner, der bis auf diejenige Erkrankung, welche den Tod herbeiführte, nie krank war, der mit größtmöglicher Stärke und innerer Sicherheit diesen freiwilligen, selbstgewählten Schulungsweg ging, auf dem die Suche nach Selbsterkenntnis mit der Suche nach Menschen- und Welterkenntnis zusammenfällt und die Probleme der Welt und der individuellen Menschenschicksale so zur eigenen Frage werden, dass deren Nicht-Lösung einen verletzt und schmerzt und man all seine Kräfte im Dienst an seiner Mitwelt einsetzt. Es ist dies der Weg, auf dem man sich ständig freiwillig den Erweckungsschmerz durch die Erkenntnisfragen zumutet und im inneren Ringen um Antwort sich wandelt. Denn es gilt für die physische wie für die seelisch-geistige Ebene gleichermaßen, dass nichts einen so stark aufweckt wie der Schmerz. Erst dann kann man die Krankheit beziehungsweise das Entwicklungshindernis wirklich erkennen und die Heilung beziehungsweise Wandlung besorgen.

Beide Wege sind letztlich zwei Seiten ein und desselben Weges zur Menschwerdung hin. Sich selber Übungen vornehmen und lernen, jedes Ereignis im Leben als ein Schulungsmoment aufzufassen – darauf kommt es an. Rudolf Steiner beschreibt in seinem Schulungsbuch *Wie erlangt man Erkenntnisse der höheren Welten?* beide Wege. Ein Beispiel möge es verdeutlichen.[50] Es handelt von einem Lehrer, dessen Schüler sich ihm gegenüber unverschämt benimmt. Wenn nun der Lehrer seine Schulung ernstnimmt, muss er sich fragen: Warum geschieht mir das heute? Warum war dieser Schüler nicht jemand anderem gegenüber ausfällig, warum gerade mir gegenüber? Warum nicht gestern, sondern heute? – Stellt man sich solche Fragen und entzündet sich an einem solchen Ereignis ein Erkenntnisproblem, so ist man bereits auf dem Weg der Einweihung durch das Leben. Man empfindet: Das Leben und alles, was mir zustößt, gehört zu mir, ist ein Teil von mir – vorausgesetzt ich erkenne das Ereignis überhaupt als Faktum an. Das heißt, der freche Schüler gehört in diesem Moment zu mir, er will mir etwas sagen, auch wenn er es gar nicht weiß. Wird dies erkannt, so wird man anders auf eine solche Situation reagieren als sonst, wo man gerne geneigt ist, die Frechheit persönlich zu nehmen und dann, entsprechend verletzt, zurückweisend-streng zu reagieren und die Angelegenheit auf der disziplinarischen Ebene zu regeln. So aber geht man mit der Frage nach Hause, warum der Schüler zu einem frech war, und bemerkt nach einer Weile vielleicht, dass man aufgrund privater Probleme, Schlaflosigkeit oder einer beginnenden Grippe einen schlechten Unterricht gemacht und dadurch geradezu freche Antworten provoziert hatte. Oder aber es kommt einem der Gedanke – wenn das eben Bemerkte nicht zutrifft –, dass einem dieser Schüler in den letzten Wochen irgendwie entglitten war und er einen natürlicherweise herausfordern musste, um wieder auf sich aufmerksam zu machen: «Ich bin frech zu dir, damit du merkst, dass ich da bin.» – «Ich bin frech zu dir, weil ich anders erzogen werden möchte und du das noch nicht so richtig bemerkt hast.» Oder auch: «Ich bin frech zu dir, weil ich zu Hause nicht mehr zurechtkomme.» – «Ich bin frech zu dir, weil ich in einer Drogenclique bin, heraus möchte, aber nicht kann.» – «Ich bin frech zu dir, weil ich völlig verzweifelt bin und als Schüler das nicht anders sagen kann.» Oder ganz allgemein: «Ich bin frech zu dir, weil ich einfach rundum unzufrieden bin und nicht weiß, warum; hilf mir!» Wenn im

Rahmen einer derartigen Selbstbesinnung Bilder und Fragen dieser Art aufsteigen, kann der Lehrer am nächsten Tag anders auf den Schüler zugehen, vielleicht auch Kontakt mit den Eltern suchen, sodass für den Schüler Positives angestoßen werden kann.

Zur Schulung gehören jedoch nicht nur das Arbeiten an positiven Eigenschaften und das Annehmen von Schicksalsgegebenheiten und der konstruktive Umgang damit. Es gehört auch die Bereitschaft dazu, dem Bösen in sich selbst ins Auge zu schauen. So wie in jeden Menschen das Ideal seiner Menschwerdung hereinleuchtet, so leben auch in jedem Menschen die Neigungen zum Bösen. Daher ist es für den Schulungsweg notwendig, auch die Gegen-Ideale, die kontraproduktiven Eigenschaften zu kennen und sie an ihrem Ausleben zu hindern. So stehen der Wahrheit *Irrtum* und *Lüge* an der Seite. Wie segensreich ist es, wenn man beispielsweise nicht alles glaubt, was einem – insbesondere über andere Menschen – erzählt wird. Lebenserfahrene Menschen nehmen alles, was sie nicht von den Betroffenen selbst erfahren, entweder mit großer Vorsicht entgegen oder weisen es als Gerüchte zurück. Wie viele zwischenmenschliche Probleme könnten vermieden oder zumindest deutlich entschärft werden, wenn wir uns nur an das halten würden und dem direkt auf den Grund gingen, was uns selbst begegnet. Entweder ist etwas wichtig, dann lohnt es die Mühe, die betreffenden Menschen selber anzusprechen und zu versuchen, die Sache zu klären. Oder aber es ist nicht so wichtig, dann sollte man sich überhaupt nicht damit befassen. Man spart damit zugleich viel Zeit und Kraft.

Die Gegenideale zur Liebe werden in erster Linie als *Hass* und *Angst* erlebt. Wieviel Sand kommt ins Getriebe, einfach nur dadurch, dass man vor bestimmten Menschen Angst hat und sie deshalb im letzten Moment doch nicht anspricht. Oder man hat sich verabredet und will eine bestimmte Sache in der entscheidenden Sitzung oder Gesprächsrunde vorbringen – und in der entscheidenden Situation findet man nicht den Mut, das Notwendige zu sagen. Ist die Liebe zur Sache jedoch groß genug, so überwindet sie die Angst und riskiert die offene, ehrliche Auseinandersetzung.

Entsprechend hemmend wirkt sich im zwischenmenschlichen Verkehr auch der Hass in all seinen Formen aus. Niemand wird sich ja so ohne weiteres eingestehen, dass er einen anderen Menschen hasst. Das ist in voll ausgeprägter Form sicher auch selten der Fall. Es gibt jedoch den Hass in kleinerer Dosierung, in abgeschwächter Form, der sich in unterschiedliche Gewänder von Antipathie, Gleichgültigkeit oder aber Kritik am andern kleidet. Da bauen sich dann von vornherein schon viele Barrieren zwischen den Menschen auf. Man hat permanent Gründe, warum man dem anderen doch lieber aus dem Weg geht, ihn links liegen lässt, ihn belächelt, übergeht, nicht einbezieht – und man macht sich nicht genügend klar, dass dies alles Formen der Lieblosigkeit sind. Das zu erkennen und bewusst zu bearbeiten wirkt nicht nur friedenstiftend, sondern kann auch zu neuen überraschend erfreulichen menschlichen Begegnungen führen. Hierzu ein Beispiel aus dem Schulalltag: Eine Neuntklässlerin bemerkt plötzlich zu ihrem eigenen Schreck, dass in ihrer Klasse (mehr als 40 Schüler) ein Junge sitzt, mit dem sie in all den Schuljahren, seit der ersten Klasse, noch nicht ein einziges Mal gesprochen hat. Sie weiß auch sofort warum: Sie fand ihn immer «blöd». Nun schämt sie sich darüber, zumal sie nicht einmal richtig begründen kann, warum er denn so blöd ist; und außerdem – so denkt sie idealistisch –: Fangen das wirkliche Verstehen und die wirkliche Liebe nicht gerade da an, wo nicht alles sympathisch von selber geht, wo man sich anstrengen muss? Entschlossen geht sie nach der Schulstunde wie beiläufig an dem Jungen vorbei und fragt ihn etwas Belangloses bezüglich des Unterrichts der nächsten Stunde. Er antwortet freundlich, und das Gespräch ist beendet. Von diesem Augenblick an hat sie einen irgendwie doch netten Klassenkameraden mehr und ist richtig stolz darüber. – Erlebnisse dieser Art sind charakteristisch für das Pubertätsalter, in dem die Liebefähigkeit erstmals in vollem Umfang bewusst wird und das Ich bestrebt ist, damit umgehen zu lernen. Es ist gut, sich an solche Erlebnisse im späteren Leben wieder zu erinnern und daran zu arbeiten, in die menschlichen Beziehungen wieder mehr Jugendlich-Liebevolles hineinzubringen.

Als Gegenideale zur Freiheit zeigen sich *illusionäre Selbstherrlichkeit* und *berechnendes Machtstreben.* Die Wirksamkeit dieser Gegenideale im sozialen Leben liegt auf der Hand. Wievieles wird getan, um sein eigenes Image zu verbessern oder seine Einflusssphäre zu vergrößern – und nicht aus innerer Freiheit beziehungsweise aus reiner Liebe zur Sache.

Entsprechend gibt es auch Gegenimpulse zu den Vorstufen von Wahrheit, Liebe und Freiheit, die hier als Interesse, Anerkennung und Vertrauen charakterisiert wurden. Wodurch wird Interesse gelähmt? Durch jede Form von *Dogmatik.* Wem die Dinge schon von vornherein klar sind, wird gar keinen Spielraum schaffen wollen, noch weitere Aspekte in seine Überlegungen einzubeziehen. Entsprechend wird die

Fähigkeit zur Anerkennung durch alle Formen von *Kritik* untergraben, die mehr zerstören, als anschließend wieder aufgebaut werden kann. Wirklich konstruktive Kritik ist gar nicht so häufig. Man erkennt sie daran, dass sie sich aufbauend und heilsam auswirkt. Was jedoch besonders hinderlich ist, das Anerkennungswerte eines anderen zu sehen und zu schätzen, ist jede Form von Cliquenbildung im Sozialen. In jeder Schule gibt es Gruppierungen, deren Mitglieder sich untereinander einig sind und Gründe haben, warum sie einer anderen Gruppierung reserviert oder ablehnend gegenüberstehen. Der einzelne Mensch im Kollegium oder in der Elternschaft hat gar keine Chance mehr, unbefangen wahrgenommen zu werden; seine Gruppenzugehörigkeit reicht aus, sein Verhalten in diesem oder jenem Fall zu beurteilen. Damit wird nicht nur persönliche Anerkennung unmöglich – denn alles wird im Licht der «Gruppenmeinung» gesehen –, sondern es bilden sich auch schwer zu durchbrechende Fronten und entsprechende politische Verhaltensweisen, wenn etwas durchgesetzt werden soll. Wenn dieses Cliquenwesen erkannt, bewusst durchbrochen und damit überwunden wird, können in einer Gemeinschaft kleine Wunder geschehen.

Vertrauen schließlich ist insbesondere dadurch gefährdet, dass «Politik» gemacht wird. Wo Instinkte der Eigenliebe und der Machtausübung so herrschend werden, dass man andere Menschen oder Gruppen für seine Zwecke benutzt anstatt sich kollegial zu ihnen zu stellen und sie in ihren Handlungsweisen zu respektieren, schwindet jede Vertrauensbasis. Denn diese hat zu ihrer Voraussetzung, dass die Sache, um die es geht, herrscht und nicht die Vorlieben einzelner Menschen.

Gelingt es, diese Feinde der Menschlichkeit in sich selbst

wahrzunehmen und sie dadurch in Schach zu halten, so ist ein ganz entscheidender Schritt auf dem Weg der Schulung getan.

Abschließend sei noch eines erwähnt, was bei keiner Schulung fehlen darf: Humor. Gerade da, wo man es mit großen Idealen zu tun hat, kann einem angesichts der Lebensrealität das Lachen schon des öfteren vergehen. Gelingt es jedoch, die Ideale wie Sterne am Himmel leuchten zu lassen und sich über jeden kleinen Schritt auf dem täglichen Weg zu freuen, den man um dieses Ideals willen oder im Lichte dieses Ideals tut, so kommt eine neue Art von Leichtigkeit und Freudigkeit in den Alltag herein, die dem Humor recht nahestehen und diesen fördern. Die beiden von Rudolf Steiner berufenen Waldorflehrer Karl Schubert (erster Förderlehrer) und Herbert Hahn haben sich zu ihren Lebzeiten immer wieder auch darüber unterhalten, wie es sein würde, wenn sie die von Rudolf Steiner geschilderten geistigen Wahrheiten nicht nur in Form von Gedanken aufzunehmen bräuchten, um sie dann an der Lebenswirklichkeit zu verifizieren, sondern wenn sie sie direkt erleben würden – wie dies beispielsweise ja nach dem Tode in der geistigen Welt der Fall ist. Als nun Karl Schubert starb, geschah es, dass Herbert Hahn einige Zeit später von ihm träumte. Da ging er im Traum auf ihn zu und fragte ihn: Karl, Karl, sag mir doch, wie ist es denn? Da antwortete Karl Schubert lächelnd: Herbert, viel humorvoller, viel humorvoller! Sag es den Freunden!

Ob zum Beispiel ein Kind einen Lehrer bekommt, mit dem es harmoniert, oder einen solchen, mit dem es nicht wirklich zurechtkommt – und umgekehrt –, ist zunächst einfach eine Schicksalstatsache. Es gibt auch Fälle, wo Eltern und Kinder das Gefühl haben, alle Lehrer seien irgendwie schwierig. Dann gibt es eine Parallelklasse in derselben Schule, wo Schüler und Eltern die Lehrer «prima» finden. Und das Dach dieser Schule ist dasselbe! Auch das sind Schicksalsgegebenheiten. Wie lernt man, damit konstruktiv umzugehen? Wenn ich vor einer Schicksalsbedingung stehe, zum Beispiel vor einem schwierigen Chef, kann ich die täglichen Belastungen entweder in mich hineinfressen oder meinen sozialen Umkreis in Mitleidenschaft ziehen, indem ich oft darüber spreche. Erkenne ich die Situation jedoch als zu mir gehörig an, so kann ich mich fragen: Warum habe denn ausgerechnet ich diesen so schwierigen Chef? Was habe ich damit zu tun, warum ist das meine Konstellation? Wenn ich akzeptiere, dass das auch mein Problem ist, kann ich als zweites fragen: Was kann ich daran lernen? Diese Frage schafft zwischen mir und dem Problemkreis, der mich bewegt, Distanz; dadurch entsteht ein Freiheitsraum, in dem wieder Bewegung stattfinden kann. Oft sind Schulprobleme deshalb so drückend und aussichtslos, weil diese Fragen nicht gestellt werden und alles bereits weitgehend beurteilt, verurteilt und angeprangert ist und nichts sich mehr bewegen lässt. Gelingt es jedoch, den Eigenanteil an der Problematik miteinzubeziehen und ernstzunehmen, so ergeben sich neue Einfälle und Gesichtspunkte, was man tun könnte.

Es gibt immer zwei Wege, an Schicksalsbedingungen konstruktiv zu arbeiten: den eben genannten Weg der inneren Veränderung, indem man seine Einstellung zum Konflikt ändert und sich zum Beispiel fragt, warum man mit ihm zu tun hat und was daraus gelernt werden kann; und den Weg der äußeren Veränderung – wenn dies möglich ist. Zum Beispiel kann ich kündigen, kann mein Kind an eine andere Schule schicken oder umziehen. Wenn ich äußere Veränderungen herbeiführe, erziehe ich mich dadurch, dass ich mich dem Neuen anpasse und mich ändere, weil ich mit einer neuen Stadt, neuen Leuten und so weiter zurechtkommen muss. Da helfe ich mir durch Entwicklungsbedingungen von außen. Wenn ich aber am Platz aushalte, bleibt mir nur, mich selber zu verändern, indem ich innere Entschlüsse fasse und meine Einstellung zu der ganzen Situation ändere. Dann geschieht manchmal das Erstaunliche: In dem Maße, wie man ruhiger wird und lernt, der misslichen Lage Positives abzugewinnen, ändert sich die Situation. «Du, der Docki (Name für den Klassenlehrer) war heute richtig gut. Ich weiß auch nicht – aber der macht sich!» Oder es geschieht ein Lehrerwechsel hin zum Erfreulichen, ohne dass man dabei äußerlich etwas tun musste.

Übt man das Gehen dieses inneren Weges, so weiß man auch, dass es nie nur *einen* Schuldigen gibt; ja, die Frage nach dem Schuldigen für ein Problem relativiert sich. Es geht dann nur noch darum, dass man seinen inneren und/oder äußeren Beitrag zur Lösung des Problems leistet.

Als der berühmte Psychologe Viktor E. Frankl 1994 auf dem internationalen Psychotherapie-Kongress in Hamburg nach seinem Vortrag über den Sinn des Lebens «Standing Ovations» erhielt, wurde er deshalb so gefeiert, weil er von seinen Erfahrungen sprechen konnte wie wohl kaum einer seiner Zeitgenossen. Frankl hatte seine wichtigste Lebenseinweihung in der schlimmsten Zeit seines Lebens, im KZ erfahren.[51] Vorher war er wie die meisten Zeitgenossen der Meinung gewesen, der Mensch sei durch seine Erbanlagen, seine Umwelt und seine Körperlichkeit weitgehend festgelegt, «determiniert». Im Konzentrationslager entdeckte er, dass die genetische Determinierung – du bist mehr oder weniger ein Produkt deiner Vererbung – nicht wahr ist. Er bemerkte: Ich kann mir hier Dinge zum Bewusstsein bringen, die ich früher noch nie denken konnte; ich entdecke die Freiheit, mich völlig anders zu verhalten, als ich es jemals für möglich gehalten hätte. Damit verbunden erkannte er, dass auch die zweite, die seelische Determinierung durch Erziehung und Milieu nicht der Wirklichkeit entspricht. Er gewann die Einsicht: Ich bin nicht nur das Ergebnis meiner Milieufaktoren, der Probleme meiner Mutter und meines Vaters, meines Beziehungsgeflechtes. Er entdeckte die Freiheit, jedwede Beziehung in seinem Leben in einem neuen Licht zu betrachten und sich neu zu ihr zu stellen. – Und er entdeckte auch die Fragwürdigkeit der dritten, der geistigen Determination durch den wissenschaftlichen Materialismus unseres Jahrhunderts. Frankl erwachte für die Unabhängigkeit seines geistigen Wesens. Er nahm sich vor, seine Studenten anders zu unterrichten, sollte er je aus der KZ-Haft wieder herauskommen.

Frankl hat also in einer extrem menschenfeindlichen Umgebung die zentralmenschlichen Eigenschaften neu und in ihren tieferen Dimensionen erst richtig entdeckt. Was ihm dort zustieß, was er dort erleiden musste, befreite ihn von dem Wahn, dass der Mensch körperlich, seelisch und geistig durch fremde Faktoren unabänderlich festgelegt sei. Er entdeckte, dass wir geistig nicht davon abhängig sind, in welcher Umgebung wir leben und wie wir erzogen wurden. Er erkannte, dass wir seelisch nicht abhängig sind von unseren Beziehungen im Sinne fixer Verhaltensmuster, sondern unsere Beziehungen selbstständig gestaltend in die Hand nehmen können. Er machte die Erfahrung, dass wir nur bedingt abhängig sind von unserem Leib.

Zum Schulungsweg gehört, dass wir aufräumen mit der Vorstellung von der Determiniertheit des Menschen und lernen, unsere Freiheit ernstzunehmen und von ihr Gebrauch zu machen. Denn wie bestimmend und determinierend die äußeren Einflüsse und Lebenstatsachen sind, hängt entscheidend davon ab, wie wir uns zu ihnen stellen: ob wir sie fatalistisch hinnehmen oder uns dazu entschließen, ihnen das abzuringen, was uns in die Zukunft führt. Eine solche Einstellung kann helfen, Schule zu einem Lebensraum zu gestalten, in dem Eltern, Lehrer und Schüler sich gegenseitig in ihrer Entwicklung fördern.

Was
Ihnen
die
Bildzeichen
der
WELEDA
sagen
wollen.

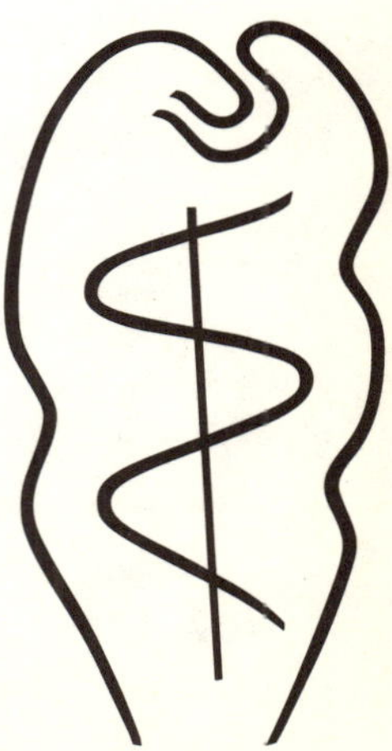

Anmerkungen

1 Vgl. in dem Buch von Judy Dunn und Robert Plomin, *Warum Geschwister so verschieden sind*, Stuttgart 1996, die Interviews mit Kindern S. 85 ff.

2 Mark Twain: *Gesammelte Werke* in 5 Bänden, Band 5. München 1985, S. 53. Zitiert nach Dunn / Plomin (s. Anm. 1), S. 13.

3 Vgl. Rudolf Steiner: *Die Geheimwissenschaft im Umriss*, Kapitel «Wesen der Menschheit». GA 13, Dornach ^{30}1989.

4 Vgl. auch die Zusammenstellung der wesentlichen Forschungsergebnisse Rudolf Steiners in Max Hoffmeister: *Die übersinnliche Vorbereitung der Inkarnation.* Dornach ^{2}1991.

5 Alexander Solschenizyn: *Im ersten Kreis der Hölle.* Frankfurt ^{2}1985.

6 Vgl. Emil Bock: *Wiederholte Erdenleben.* Stuttgart, Neuaufl. 1997.

7 Christian Morgenstern aus «Wir fanden einen Pfad». *Werke und Briefe.* Stuttgarter Ausgabe. Band II, Lyrik 1906 – 1914, hrsg. von Martin Kießig. Stuttgart 1992. – S. 207.

8 Vgl. Rudolf Steiner: *Die Brücke zwischen der Weltgeistigkeit und dem Physischen des Menschen. Die Suche nach der neuen Isis, der göttlichen Sophia.* GA 202, Dornach ^{4}1993.

9 Die Lebensvorgänge der Pflanzen und vieler niederer Tiere zeigen ganz unmittelbar die Abhängigkeit von den Lichteinwirkungen und Rhythmen von Sonne und Mond. – Zur noch weniger bekannten Mond- bzw. Lunarbiologie erschien soeben von Klaus-Peter Endres / Wolfgang Schad: *Biologie des Mondes – Mondperiodik und Lebensrhythmen.* Stuttgart und Leipzig 1997.

10 John Eccles: *Wie das Selbst sein Gehirn steuert.* München 1996.

11 Ich und Ich-Organisation sind deutlich zu unterscheiden. Vgl. S. 16 ff., 42 und 68 ff.

12 Rudolf Steiner: «Die Erziehung des Kindes vom Gesichtspunkte der Geisteswissenschaft» (1907); in: *Luzifer-Gnosis 1903 – 1908*. GA 34, Dornach [2]1987; ferner verschiedene Einzelausgaben. – Vgl. auch Stefan Leber: *Die Menschenkunde der Waldorfpädagogik*. Stuttgart 1994.

13 Armin J. Husemann: *Der Zahnwechsel des Kindes*. Stuttgart 1996.

14 Vgl. dazu Friedrich A. Kipp: *Die Evolution des Menschen im Hinblick auf seine lange Jugendzeit*. Stuttgart [2]1991. Ferner Wolfgang Schad: *Säugetiere und Mensch*. Stuttgart 1971.

15 Rudolf Steiner verwendet mit Bezug auf die Wesensglieder den Ausdruck «Leib» oft synonym mit «Organismus» oder «Organisation». Es ist mit diesen Worten stets auf den wirkenden, geformten Gesetzeszusammenhang hingewiesen, der eben ein in sich zusammenhängender, «organisierter» ist.

16 Vgl. dazu Emil Bock: *Wiederholte Erdenleben*. Stuttgart, Neuaufl. 1997.

17 Vgl. die Zusammenstellung wesentlicher Forschungsergebnisse Rudolf Steiners bei Martin Burckhardt: *Die Erlebnisse nach dem Tod*. Dornach 1996.

18 Mit «Hierarchien» wird die Rangordnung übersinnlicher Wesen bezeichnet. Sie reicht von den Engeln über die Erzengel, Archai, Exusiai, Dynamis, Kyriotetes bis hin zu den Thronen, Cherubinen und Seraphinen, die Gott unmittelbar schauen können. Diese Wesenheiten sind unter verschiedenen Namen in allen großen Religionen bekannt und finden auch im Neuen Testament z.B. als «Menge der himmlischen Heerscharen» (Lukas 2,13) Erwähnung.

19 Auf die Bedeutung der Nacht kann hier leider nicht näher eingegangen werden. Es sei hierzu auf das Buch von Stefan

Leber verwiesen: *Der Schlaf und seine Bedeutung.* Stuttgart 1996; ferner Sigismund von Heynitz, *Wachen und Schlafen.* Paderborn 1996.

20 Vgl. dazu Rudolf Steiner: *Vor dem Tore der Theosophie.* GA 95, Dornach [4]1990; und: *Die Theosophie des Rosenkreuzers.* GA 99, Dornach [7]1985. Ferner Klaus Dumke: «Die Krankheit – Schicksal und Wandlung», in: *Krebsbehandlung in der anthroposophischen Medizin*, hrsg. von Michaela Glöckler und Jürgen Schürholz. Stuttgart 1996.

21 Vgl. Rudolf Steiner: *Von Seelenrätseln.* GA 21, Dornach [3]1983.

22 Rudolf Steiner: Vortrag am 12. April 1921, in: *Geisteswissenschaftliche Gesichtspunkte zur Therapie.* GA 313, Dornach [4]1984.

23 Birger Sellin: *Ich will kein Inmich mehr sein.* Köln 1993.

24 Friedrich Husemann / Otto Wolff: *Das Bild des Menschen als Grundlage der Heilkunst.* 3 Bände. Stuttgart, Bd. I, [10]1991; Bd. II, [5]1991; Bd. III, [4]1993. – Walter Holtzapfel: *Seelenpflege-bedürftige Kinder. Zur Heilpädagogik Rudolf Steiners.* 2 Bände. Dornach, Bd. 1, [4]1990; Bd. 2, [2]1986. – Rudolf Treichler: *Der schizophrene Prozess.* Stuttgart [2]1981; und: *Vom Wesen der Epilepsie.* Stuttgart [3]1991. – Thomas J. Weihs: *Das entwicklungsgestörte Kind.* Stuttgart [2]1995. – Hans Müller-Wiedemann: *Mitte der Kindheit.* Stuttgart [4]1994. – Karl König: *Der Mongolismus.* Stuttgart [4]1980. – Dieter Schulz: *Frühförderung in der Heilpädagogik.* Stuttgart 1991.

25 Rudolf Steiner: *Heilpädagogischer Kurs.* GA 317, Dornach [8]1995.

26 Beiträge zur Rudolf Steiner Gesamtausgabe, Nr. 34: *Aufzeichnungen Rudolf Steiners zur Sinneslehre.* Dornach, Sommer 1971.

27 Rudolf Steiner: *Anthroposophie. Ein Fragment aus dem Jahre 1910.* GA 45, Dornach [3]1980, und Vortrag am 29. August 1919, in: *Allgemeine Menschenkunde als Grundlage der Pädagogik.* GA 293, Dornach [9]1992. – Eine ausführlichere Darstellung der

zwölf menschlichen Sinnestätigkeiten und ihrer Pflege durch die Erziehung findet sich in Wolfgang Goebel / Michaela Glöckler: *Kindersprechstunde.* Stuttgart ^{11}1995. – Eine anschauliche Darstellung der zwölf Sinne gibt Albert Soesman: *Die zwölf Sinne – Tore der Seele.* Stuttgart ^{2}1996.

28 Karl König: *Sinnesentwicklung und Leiberfahrung* Stuttgart ^{4}1997.

29 Rudolf Steiner: Vortrag am 25. August 1919, in: *Allgemeine Menschenkunde als Grundlage der Pädagogik.* GA 293, Dornach ^{9}1992.

30 Rudolf Steiner: *Anweisungen für eine esoterische Schulung.* GA 245, vergriffen. Neu in: *Seelenübungen mit Wort- und Sinnbildmeditationen.* GA 267, Dornach 1997.

31 Rudolf Steiner: *Die Geheimwissenschaft im Umriss.* GA 13, Dornach ^{30}1989; und: *Wie erlangt man Erkenntnisse der höheren Welten?* GA 10, Dornach ^{24}1993. – Siehe auch Florin Lowndes: *Die Belebung des Herzchakra.* Stuttgart 1996.

32 Zum menschlichen Schicksal, wie es sich durch wiederholte Erdenleben hindurch entwickelt, siehe folgende Werke und Vorträge Rudolf Steiners:

- *Theosophie.* GA 9, Dornach ^{31}1987.
- *Die Offenbarungen des Karma.* GA 120, Dornach ^{8}1992.
- *Esoterische Betrachtungen karmischer Zusammenhänge.* 6 Bände. GA 235 – 240, Dornach, Bd. I, ^{8}1994; Bd. II, ^{6}1988; Bd. III, ^{7}1991; Bd. IV, ^{6}1991, Bd. V, ^{3}1985; Bd. VI, ^{5}1992.
- Vortrag am 24. Oktober 1916, in: *Die Verbindung zwischen Lebenden und Toten.* GA 168, Dornach ^{4}1995.
- Vortrag am 11. Dezember 1910, in: *Wege und Ziele des geistigen Menschen. Lebensfragen im Lichte der Geisteswissenschaft.* GA 125, Dornach ^{2}1992.

33 Rudolf Steiner bemerkte zu diesen Zusammenhängen, man

möge einmal darauf achten, wieviel mehr im Leben gehasst als geliebt wird, wieviel leichter man sich über Negatives als über Positives unterhält.

34 Vgl. dazu Yonassan Gershom: *Beyond the Ashes – Cases of Reincarnation from the Holocaust.* A. R. E. Press, Virginia, USA 1992. – Ferner: Brian L. Weiss: *Heilung durch Reinkarnationstherapie. Ganzwerdung über die Erfahrung früherer Leben.* München 1995.

35 Markus 10, 46-52, zit. nach der Übersetzung von Emil Bock.

36 Lukas 7, 1-10, zit. nach der Übersetzung von Emil Bock.

37 Lukas 4, 31-37, zit. nach der Übersetzung von Emil Bock.

38 Aus dem Buch Hiob des Alten Testaments. – Goethe hat diese «Krankengeschichte» in seinem *Faust*, dem modernen Hiob-Buch, dramatisiert. Damit bekommt gerade dieser Krankheitstypus für die heutige Menschheit besonderes Gewicht. Denn die Faustgestalt steht für die Entwicklungsdramatik des modernen Menschen, der sich seines Paktes mit dem Teufel, das heißt seiner Beziehung um Bösen, bewusst werden muss.

39 Rudolf Steiner: Vortrag am 22. August 1919, in: *Erziehungskunst. Methodisch-Didaktisches.* GA 294, Dornach ^{2}1994.

40 Rudolf Steiner: *Die Geheimwissenschaft im Umriss*; Kapitel «Schlaf und Tod». GA 13, Dornach ^{30}1989; und: *Das Leben zwischen dem Tode und der neuen Geburt im Verhältnis zu den kosmischen Tatsachen.* GA 141, Dornach ^{4}1983.

41 Alice Miller: *Das Drama des begabten Kindes und die Suche nach dem wahren Selbst.* Frankfurt a. M. 1995.

42 Barbara Beuys: *Eltern behinderter Kinder lernen neu leben.* Reinbek 1984.

43 Wolfgang Schad: *Erziehung ist Kunst.* Stuttgart ^{3}1994. – Stefan Leber: *Die Menschenkunde der Waldorfpädagogik.* Stuttgart 1994. – Helmut Neuffer (Hrsg.): *Zum Unterricht des Klassenlehrers an der Waldorfschule. Ein Kompendium.* Stuttgart 1997.

44 Jacques Lusseyran: *Das wiedergefundene Licht. Die Lebensgeschichte eines Blinden im französischen Widerstand.* München 1992.

45 J. W. Goethe: «Sprüche in Prosa», in *Goethes Naturwissenschaftliche Schriften*, herausgegeben, eingeleitet und kommentiert von Rudolf Steiner. Fünfter Band. Fotomechanischer Nachdruck nach der Erstauflage in «Deutsche National-Litteratur» 1883 – 1897. GA 1e. Dornach 1975. – S. 350.

46 Vgl. Zeitschrift *Erziehungskunst* 7-8/95, Beiträge von Roswitha Rodewig, Michaela Suchantke, Martina Junker u.a. über Fördermaßnahmen an der Wittener Waldorfschule.

47 Vgl. Alice Miller: *Das Drama des begabten Kindes und die Suche nach dem wahren Selbst.* Frankfurt a. M. 1995.

48 Der Vortrag «Der gemeinsame Schulungsweg von Eltern und Lehrern» ist in der *Erziehungskunst* 1/1995 erschienen. Er wird hier in stark gekürzter und etwas geänderter Form wiedergegeben.

49 Vgl. Jörgen Smit: *Der werdende Mensch. Zur meditativen Vertiefung des Erziehens.* Stuttgart ^{3}1990.

50 Rudolf Steiner: *Wie erlangt man Erkenntnisse der höheren Welten?* Kapitel «Die Bedingungen zur Geheimschulung». GA 10, Dornach ^{24}1993.

51 Viktor E. Frankl: *... trotzdem Ja zum Leben sagen. Ein Psychologe erlebt das Konzentrationslager.* München 1994.

Literatur

BEUYS, BARBARA: *Eltern behinderter Kinder lernen neu leben.* Rowohlt Taschenbuch Verlag, Reinbek 1984.

BOCK, EMIL: *Wiederholte Erdenleben. Die Wiederverkörperungsidee in der deutschen Geistesgeschichte.* Verlag Urachhaus, Stuttgart, Neuauflage 1997.

BURCKHARDT, MARTIN: *Die Erlebnissse nach dem Tod. Der nachtodliche Weg des Menschen durch die übersinnliche Welt. Eine Zusammenfassung von Schilderungen Rudolf Steiners.* Edition Die Pforte, Dornach 1996.

DUMKE, KLAUS: «Die Krankheit – Schicksal und Wandlung», in: *Krebsbehandlung in der anthroposophischen Medizin,* hrsg. von Michaela Glöckler und Jürgen Schürholz, Verlag Freies Geistesleben, Stuttgart 1996.

DUNN, JUDY / PLOMIN, ROBERT: *Warum Geschwister so verschieden sind.* Verlag Klett-Cotta, Stuttgart 1996.

DUNSELMAN, RON: *An Stelle des Ich. Rauschdrogen und ihre Wirkungen.* Verlag Freies Geistesleben, Stuttgart 1996.

ECCLES, JOHN: *Wie das Selbst sein Gehirn steuert.* Piper-Verlag, München 1996.

ENDRES, KLAUS-PETER / SCHAD WOLFGANG: *Biologie des Mondes – Mondperiodik und Lebensrhythmen.* S. Hirzel Verlag, Stuttgart und Leipzig 1997.

FRANKL, VIKTOR E.: *… trotzdem Ja zum Leben sagen. Ein Psychologe erlebt das Konzentrationslager.* Kösel Verlag, München 1994.

GERSHOM YONASSAN: *Beyond the Ashes – Cases of Reincarnation from the Holocaust.* A. R. E. Press, Virginia, USA, 1992.

GOEBEL, WOLFGANG / GLÖCKLER, MICHAELA: *Kindersprech-*

stunde. Ein medizinisch-pädagogischer Ratgeber. Erkrankungen – Bedingungen gesunder Entwicklung – Erziehung als Therapie. Verlag Urachhaus, Stuttgart ^{11}1995.

Goethe, Johann Wolfgang: «Sprüche in Prosa», in: *Goethes naturwissenschaftliche Schriften,* herausgegeben, eingeleitet und kommentiert von Rudolf Steiner. Fünfter Band. Fotomechanischer Nachdruck nach der Erstauflage in «Deutsche National-Litteratur» 1883-1897. Rudolf Steiner Verlag, Dornach 1975.

Heynitz, Sigismund von: *Wachen und Schlafen. Ein Weg durch die vier Tageszeiten.* Möllmann Verlag, Paderborn 1996.

Hoffmeister, Max: *Die übersinnliche Vorbereitung der Inkarnation. Erkenntnisgrundlagen zur Frage der Wesenheit des Ich und der Regelung der Empfängnis.* Edition Die Pforte, Dornach ^{2}1991.

Holtzapfel, Walter: *Seelenpflege-bedürftige Kinder. Zur Heilpädagogik Rudolf Steiners.* 2 Bände. Verlag am Goetheanum, Dornach, Bd. 1, ^{4}1990; Bd. 2, ^{2}1986.

Husemann, Armin J.: *Der Zahnwechsel des Kindes. Ein Spiegel seiner seelischen Entwicklung.* Menschenkunde und Erziehung Bd. 75. Verlag Freies Geistesleben, Stuttgart 1996.

Husemann, Friedrich / Wolff, Otto: *Das Bild des Menschen als Grundlage der Heilkunst. Entwurf einer geisteswissenschaftlichen Medizin.* Verlag Freies Geistesleben, Stuttgart. Band I: Zur Anatomie und Physiologie, ^{10}1991. Band II: Zur allgemeinen Pathologie und Therapie, ^{5}1991. Band III: Zur speziellen Pathologie und Therapie, ^{4}1993.

Kipp, Friedrich A.: *Die Evolution des Menschen im Hinblick auf seine lange Jugendzeit.* Verlag Freies Geistesleben, Stuttgart ^{2}1991.

König, Karl: *Der Mongolismus.* Verlag Freies Geistesleben, Stuttgart ^{4}1980.

– *Sinnesentwicklung und Leiberfahrung. Heilpädagogische Gesichtspunkte zur Sinneslehre Rudolf Steiners.* Verlag Freies Geistesleben, Stuttgart [4]1997.

LEBER; STEFAN: *Die Menschenkunde der Waldorfpädagogik. Anthropologische Grundlagen der Erziehung des Kindes und Jugendlichen.* Verlag Freies Geistesleben, Stuttgart 1994.

– *Der Schlaf und seine Bedeutung. Geisteswissenschaftliche Dimensionen des Un- und Überbewußten.* Stuttgart 1996.

LOWNDES, FLORIN: *Die Belebung des Herzchakra. Ein Leitfaden zu den Nebenübungen Rudolf Steiners.* Verlag Freies Geistesleben, Stuttgart 1996.

LUSSEYRAN, JACQUES: *Das wiedergefundene Licht. Die Lebensgeschichte eines Blinden im französischen Widerstand.* dtv Sachbuch, Neuaufl. 1992.

MILLER, ALICE: *Das Drama des begabten Kindes und die Suche nach dem wahren Selbst.* Suhrkamp Verlag, Frankfurt a. M. 1995.

MORGENSTERN, CHRISTIAN: *Werke und Briefe.* Stuttgarter Ausgabe. Band II, Lyrik 1906 – 1914, hrsg. von Martin Kießig, Verlag Urachhaus, Stuttgart 1992.

MÜLLER-WIEDEMANN, HANS: *Mitte der Kindheit. Das neunte bis zwölfte Lebensjahr. Beiträge zu einer anthroposophischen Entwicklungspsychologie.* Verlag Freies Geistesleben, Stuttgart [4]1994.

NEUFFER, HELMUT (Hrsg.): *Zum Unterricht des Klassenlehrers an der Waldorfschule. Ein Kompendium.* Verlag Freies Geistesleben, Stuttgart 1997.

SCHAD, WOLFGANG: *Säugetiere und Mensch. Zur Gestaltbiologie vom Gesichtspunkt der Dreigliederung.* Menschenkunde und Erziehung Bd. 26. Verlag Freies Geistesleben, Stuttgart 1971.

– *Erziehung ist Kunst. Pädagogik aus Anthroposophie.* Praxis Anthroposophie Bd. 4. Verlag Freies Geistesleben, Stuttgart [3]1994.

SCHULZ, DIETER: *Frühförderung in der Heilpädagogik. Erfahrungen mit der Betreuung seelenpflegebedürftiger Kinder. Eine Einführung für Eltern.* Verlag Freies Geistesleben, Stuttgart 1991.

SELLIN, BIRGER: *Ich will kein Inmich mehr sein. Botschaften aus einem autistischen Kerker.* Verlag Kiepenheuer und Witsch, Köln 1993.

SMIT, JÖRGEN: *Der werdende Mensch. Zur meditativen Vertiefung des Erziehens.* Verlag Freies Geistesleben, Stuttgart ^{3}1990.

SOESMAN, ALBERT: *Die zwölf Sinne – Tore der Seele.* Verlag Freies Geistesleben, Stuttgart ^{2}1996.

SOLSCHENIZYN, ALEXANDER: *Im ersten Kreis der Hölle.* S. Fischer Verlag, Frankfurt a. M. ^{2}1985.

STEINER, RUDOLF: die Gesamtausgabe (= GA) erscheint im Rudolf Steiner Verlag, Dornach/Schweiz.

– *Theosophie. Einführung in übersinnliche Welterkenntnisund Menschenbestimmung.* 1904. GA 9, ^{31}1987.

– *Wie erlangt man Erkenntnissse der höheren Welten?* 1904/05. GA 10. ^{24}1993.

– *Die Geheimwissenschaft im Umriss.* 1910. GA 13, ^{30}1989.

– *Von Seelenrätseln.* 1917. GA 21, ^{3}1983.

– «Die Erziehung des Kindes vom Gesichtspunkte der Geisteswissenschaft» (1907), in: *Luzifer-Gnosis 1903 – 1908. Grundlegende Aufsätze zur Anthroposophie und Berichte aus der Zeitschrift «Luzifer» und «Lucifer-Gnosis».* GA 34, ^{2}1987. Ferner verschiedene Einzelausgaben.

– *Anthroposophie. Ein Fragment aus dem Jahre 1910.* GA 45, ^{3}1980.

– *Vor dem Tore der Theosophie.* 1906. GA 95, ^{4}1990.

– *Die Theosophie des Rosenkreuzers.* 1907. GA 99, ^{7}1985.

– *Die Offenbarungen des Karma.* 1910. GA 120, ^{8}1992.

– *Wege und Ziele des geistigen Menschen. Lebensfragen im Lichte der Geisteswissenschaft.* GA 125, ²1992.

– *Das Leben zwischen dem Tode und der neuen Geburt im Verhältnis zu den kosmischen Tatsachen.* 1913. GA 141, ⁴1983.

– *Die Verbindung zwischen Lebenden und Toten.* 1916. GA 168, ⁴1995.

– *Die Brücke zwischen der Weltgeistigkeit und dem Physischen des Menschen. Die Suche nach der neuen Isis, der göttlichen Sophia.* 1920. GA 202, ⁴1993.

– *Esoterische Betrachtungen karmischer Zusammenhänge.* Sechs Bände. 1924. GA 235 – 240. Bd. I, ⁸1994; Bd. II, ⁶1988; Bd. III, ⁷1991; Bd. IV, ⁶1991, Bd. V, ³1985; Bd. VI, ⁵1992.

– *Anweisungen für eine esoterische Schulung. Aus den Inhalten der «Esoterischen Schule».* GA 245. Vergriffen. Neu in: *Seelenübungen mit Wort- und Sinnbildmeditationen.* GA 267, 1997.

– *Allgemeine Menschenkunde als Grundlage der Pädagogik.* 1919. GA 293, ⁹1992.

– *Erziehungskunst. Methodisch-Didaktisches.* 1919. GA 294, ⁶1990.

Geisteswissenschaftliche Gesichtspunkte zur Therapie. 1921. GA 313, ⁴1984.

– *Heilpädagogischer Kurs.* 1924. GA 317, ⁸1995.

THERAPEUTISCHE ARBEIT IN DER WALDORFSCHULE. Beispiele aus der Praxis. Themenheft der Zeitschrift *Erziehungskunst* 7-8/1995.

TREICHLER, RUDOLF: *Der schizophrene Prozeß. Beiträge zu einer erweiterten Pathologie und Therapie.* Verlag Freies Geistesleben, Stuttgart ²1981.

– *Vom Wesen der Epilepsie.* Verlag Freies Geistesleben, Stuttgart ³1991.

WEIHS, THOMAS J.: *Das entwicklungsgestörte Kind. Heilpädagogische Erfahrungen in der therapeutischen Gemeinschaft.* Praxis Anthroposophie Bd. 9. Verlag Freies Geistesleben, Stuttgart ²1995.

Weiss, Brian L.: *Heilung durch Reinkarnationstherapie. Ganzwerdung über die Erfahrung früherer Leben.* Knaur Taschenbuch 86066, München 1995.

Henning Köhler

«Schwierige» Kinder gibt es nicht

Plädoyer für eine Umwandlung des pädagogischen Denkens.
Praxis Anthroposophie 40
176 Seiten, kartoniert

Am Ende des 20. Jahrhunderts, das oft als «Jahrhundert des Kindes» apostrophiert wurde, breitet sich in Bezug auf die Erziehungsfrage eine Krisenstimmung aus, die sich bis zu Kassandrarufen einer bevorstehenden Katastrophe steigert. Das Unbehagen rührt vor allem daher, daß immer mehr Kinder sogenannte Verhaltensstörungen oder Verhaltensauffälligkeiten zeigen und als erzieherisch schwer führbar gelten.

Henning Köhler geht der Frage nach, ob tatsächlich davon gesprochen werden kann, daß «die Kinder immer schwieriger werden», oder ob die allgemeine Bewußtseinslage und die gesellschaftlichen Verhältnisse auf eine für Kinder unerträgliche Situation zutreiben: Wer oder was ist hier eigentlich «schwierig»?

Köhler stellt gewohnte Denkschablonen in Frage und umreißt in Grundzügen einen spirituell vertieften Erziehungsbegriff, der aus der gegenwärtigen Sinnkrise herausführen könnte.

Verlag Freies Geistesleben

Wolfgang Schad

Erziehung ist Kunst

Pädagogik aus Anthroposophie.
Praxis Anthroposophie 4
174 Seiten, kartoniert

Ein Buch für Lehrer, Erzieher und Eltern. Es zeigt die Besonderheiten der Waldorfpädagogik und tritt ein für ihr besseres Verständnis.

Aus dem Inhalt:

Erziehung ist Kunst / Das Kind im Sog der Zivilisation / Kinderzeichnung und Organwachstum / Zahnwechsel und Schulreife / Zum anthroposophischen Verständnis der kindlichen Temperamente / Zu den Begriffen von Gesundheit und Krankheit und ihrem Wert für die Pädagogik / Zur Hygiene des Unterrichts / Die Selbsterfahrung des Jugendalters in der Weltbegegnung / Die Scham als Entwicklungsraum des Menschen / Menschenkundliches zur Geschlechterproblematik / Vom Rätsel des Ich.

Verlag Freies Geistesleben

Audrey McAllen

Die Extrastunde

Zeichen- und Bewegungsübungen für Kinder mit Schwierigkeiten im Schreiben, Lesen und Rechnen. Mit einem Geleitwort von Michaela Glöckler und einem Vorwort von Uta Stolz.
148 Seiten, gebunden

Audrey McAllen entwickelt in diesem Buch ein pädagogisches Förderkonzept auf den Grundlagen der Waldorfpädagogik. Mit ihrem Ansatz versucht sie, vor allem Defizite in der motorischen Entwicklung von Schülern mit Lernschwierigkeiten und Verhaltensauffälligkeiten herauszufinden; gezielte Bewegungsübungen ermöglichen es diesen Kindern, fundamentale körperliche Entwicklungsprozesse noch einmal durchzumachen, so daß sie dadurch auch ein verstärktes Interesse am Lernen gewinnen können. Zahlreiche Übungen und Tests geben dem Förder- und Klassenlehrer wertvolle Hilfen zur Diagnose und Behandlung spezifischer Lernschwierigkeiten.

Thomas J. Weihs

Das entwicklungsgestörte Kind

Heilpädagogische Erfahrungen
in der therapeutischen Gemeinschaft.
Mit einem Vorwort von
Hans Müller-Wiedemann.
192 Seiten, kartoniert

Eine systematische Berichterstattung über die hauptsächlichen Erscheinungsbilder kindlicher Entwicklungsstörungen (vom frühen Autismus bis zum Down-Syndrom) und ein Standardwerk der heilpädagogischen Literatur.

Karl König

Sinnesentwicklung und Leiberfahrung

Heilpädagogische Gesichtspunkte zur Sinneslehre Rudolf Steiners. Heruasgegeben und um ein Kapitel erweitert von Georg von Arnim.
182 Seiten, Leinen mit Schutzumschlag

Jahrzehnte hindurch war Karl König forschend um die Sinneslehre Rudolf Steiners bemüht. Die drei höchsten Sinne – Ich-Sinn, Gedanken-Sinn, Wort-Sinn – hatte er schon in seiner vorausgegangenen Schrift *Die ersten drei Jahre des Kindes* (als Taschenbuch in der Reihe *Praxis Anthroposophie* erschienen) behandelt. Die hier in vierter und neu ausgestatteter Auflage erscheinenden Aufsätze sind den vier unteren Sinnen gewidmet, dem Tastsinn, dem Lebenssinn, dem Eigenbewegungssinn und dem Gleichgewichtssinn.